Self-catering Recipe Book

自炊のトリセツ

おいしいごはんの法則

著 小田真規子

JN011485

池田書店

まずは「知ること」から始めましょう

入学して、就職して、単身赴任になって、ご家族を見送って……。ひとり暮らしをスタートする理由も時期も、人それぞれ。ただ、一人になっても、毎日食事をすることに変わりはありません。

無理して毎日作らなくてもいいけれど、できれば作ったほうがいい。経済的だから、健康的だからというだけではなく、料理を作ることで季節を感じたり、素材に触れたり、手を動かしたりしながら、ひとり暮らしの生活に潤いを感じ、リズムを作り、気持ちをリセットすることができるからです。

でも、買いものをしたり、素材や道具を洗ったり、片づけたり……。そういうことをいちいちしなくてはいけないのかと思うと、不安になったり、面倒だったり。

ただ、それはもしかすると、「作り方がよくわからない」からかもしれません。でも、まず理解すべきことは、肉じゃがやきんぴらの「作り方」ではありません。

必要なのは、「知る」ことです。自分の味方になる素材、役に立つ調味料、便利な器具など、そしてそれらがなぜ味方になって、役に立ち、便利なのかということも……。それがわかれば、料理がぐっと身近になります。そしてロジック、つまりそのなりたちやしくみを「知る」ことも必要です。「焼く」と「炒める」ってどう違うの？「煮る」ときの火加減はどのくらいなの？という疑問への答えです。

そんないくつもの「知る」ことが、いつの間にか、ひとり暮らしの心強いパートナーになってくれます。そして、それが楽しくなってきたとき、おいしい料理を作ることが、自然と生活の中に溶け込んでいるはずです。

小田真規子

目次

3章

料理の幅が広がる

調理のトリセツ

ひとり暮らしさんの
自炊生活Before&After

自炊は、節約と暮らしの豊かさのどちらも実現してくれるもの。
自信がつき、結果的に心も体も健康にします。
今できていなくても大丈夫。まずは一歩、踏み出してみましょう。

外食続きで
出費がかさむ……

Before

「自己流」で
失敗する……

食生活が乱れ
不健康に……

節約だけど豊かな生活

節約しても食事は好きなものを食べたい！それを実現するのが自炊です。また、旬の新鮮なものを安く食べられることも自炊のよい点。お財布も心も豊かになります。

After

自炊生活で、毎日がもっと豊かになる！

心も体も健康になる

自炊がうまくなると自信がつき、次は誰かに食べてもらいたくなります。うまくできたことでつく自信や褒められる喜びが加わると、体だけではなく、心も健康になります。

最短で料理上手に！

本書はレシピだけでなく、失敗率を低くするための食材の知識、効率的に自炊スキルが身につく調理法のヒントが随所にあります。まずはレシピ通りに作って、最短で料理上手になりましょう！

本書で使う 調理道具のトリセツ

本書で使う調理道具の使い方をご紹介。
道具を揃えるにはワケがある！かんたんに
おいしい料理を作るための環境をととのえましょう。

【お玉】

汁物料理の必須アイテムで、計量できる便利なタイプもあります。シリコンやステンレスなど材質はさまざま。好みで選びましょう。

【フライパン（大・小）】

小（20cm）は1人分の料理を作るのに最適なサイズ。二人以上の料理を作るときは大（26cm）が便利です。

【包丁、まな板】

最初に持つ包丁は、刃渡り18〜20cmの三徳包丁がおすすめ。刃から柄までが鋼製の一体型が扱いやすい。まな板は材料がはみ出しにくいA4サイズ以上で、1.5cm程度の厚みがあると安定感があります。プラスチック製の方が扱いやすいですが、木製だと衝撃が手に伝わりにくいです。

【しゃもじ】

炊き上がったお米を混ぜたり、炊飯器から茶碗や食器によそうときに使用。木製やプラスチック製があります。

【菜箸】

長さが30〜35cmの、調理用の箸。火元から手まで、距離をとれるので炒め物のときなどに手が熱くなりにくい。調理のみならず盛りつけなどにも用います。

【鍋（大・小）】

大（20cm）の両手鍋は
カレーや肉じゃがなど
の煮込み料理に最適。
また、1人分のみそ汁
には作業効率がよい小
（16cm）がおすすめです。
汁の少ないゆで物には
片手鍋が使い勝手抜群。

ざる（大・小）

麺や野菜などの水気をきると
きに必要。取手つきのざるは
ゆで料理に便利なアイテム。
カットした材料を一時的によ
けたいときにも使えます。

【計量カップ】

液体の量をはかるとき
に使います。表面張力
により、見る角度によ
って量が変わるので、
注意が必要。外側から
きちんと目盛りが見え
る透明のものを使いま
しょう。

【計量スプーン】

大さじ（15ml）、小さじ（5ml）
の2種類。正確な計量が味の
決め手になることに加え、「こ
の分量でこの味になる」とい
う経験を積むためにも必要な
ツールです。

ボウル（大・中・小）

野菜を洗うときには大（24cm
程度）、何にでも使えて重宝
する中（21cm程度）、調味料を
混ぜ合わせやすい小（18cm程
度）と、3つ揃えておくと便利
です。

【バット（大・中・小）】

魚に衣をつけるなどの下準備
をする際、材料や料理に合わ
せて、大中小のバットを使い
分けます。また、タレに漬け
込んだ肉をバットに入れて冷
蔵庫でねかせるなどの用途に
も使えます。

お助け調理器具のトリセツ

料理がラクに確実においしく作れる！
ビギナーさんの強い味方になる道具たちを集めました。

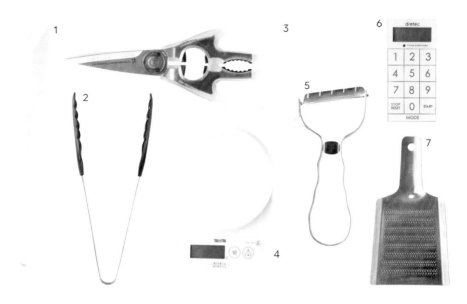

【1. ゴムべら】

ゴムべらや木べらは調理器具を傷つけにくい。ゴムべらは熱に強くへら部分が柔らかすぎないシリコン製を。

【2. トング】

パスタとソースを絡めたり、肉を裏返すときに便利。先端がゴムだと魚など柔らかい素材を傷めません。

【3. キッチンバサミ】

長くて薄いねぎや小松菜など葉物野菜を切るのに重宝する他、手羽先の処理やカットにも使えます（P.53）。

【4. スケール】

調理用の計量ツールで、小数点なし、小数点第1位、小数点第2位まであるデジタルスケールがあります。

【5. ピーラー】

皮むきだけでなく、野菜をあてる向きによりキャベツの千切りなどにも使えます。切れ味のよいものを選んで。

【6. タイマー】

焼く・煮るなどの調理時間を正確に管理します。ワンタッチで時間を計測できるものがおすすめです。

【7. おろし金】

大根やしょうがなど食材をすりおろす際に使用。金属製の他、手入れしやすいプラスチック製もある。

常備したい 消耗品リスト

- ラップ
- アルミホイル
- ペーパータオル
- 布巾
- 食材用 たわし・スポンジ
- 台所用洗剤

おいしい味は「計量」で実現

料理が飛躍的にうまくなる方法、それははかることです。
まずはレシピ通りに調味できる正しいはかり方を覚えましょう。

☑ 指ではかる

親指と人差し指、中指の3本の指先を使ってつまんだ量がおよそ小さじ1/10程度。「ひとつまみ」といわれる量です。親指と人差し指の2本の指を使ってつまんだ量がおよそ小さじ1/20程度。「少々」といわれる量です。

☑ 計量カップではかる

真横から目盛りを見て、水面の線が目盛りの上端にかかるくらいが正しい分量。粉は入れたあとに底を軽くたたき、表面をならします。

☑ スケールではかる

最初に空のボウルをのせ、目盛りをゼロに設定してから使用します。その状態で、材料を入れるとかんたんにはかることができます。

☑ 計量スプーンではかる

【粉類】

まずは粉類を山盛りにすくいましょう。そしてへらや別のスプーンの柄を縁に当てながら、すり切ります。

【液体】

容器から直接、液体があふれるぎりぎりまで注ぎます。表面が盛り上がっている状態ではかります。

【半液体】

チューブなどから直接スプーンに移してはかります。入れすぎたときはへらなどですり切りましょう。

大さじ1/2はどうはかる？

【粉】別のスプーンで中心から半分を取り除きます。
【液体】スプーンの深さの3分の2を目安に。

おすすめ調味料のトリセツ

本書では特別なスパイスや出汁などは使用しません。
市販の基礎&便利調味料を使って、
かんたんにおいしい料理が作れます。

基礎調味料

【塩】

食材が持つ特徴を活かすことができる塩は基本の調味料。おいしいと感じる塩味は、塩分濃度0.7〜1.2%で、精製塩が味を一番調整しやすいです。

● 基礎調味料

基礎調味料は食材に加えることで料理の味のベースとなる調味料。

● 便利調味料

切っただけの材料と和えるだけで味がととのうため、用途が幅広い調味料。

基礎調味料

【こしょう】

ピリッと辛味があるスパイス。食材の臭みを消すこともできます。種類は黒こしょう、白こしょうがありますが、ほどよくブレンドされたこしょうが使い勝手がよく、おすすめです。

基礎調味料

【砂糖】

甘みをつけるだけでなく、酸味や辛味の強いとき、砂糖を入れると、味がまとまります。初心者なら万能に使える上白糖が◎。

基礎調味料

【みりん】

米から作られた調味料。米由来の糖分やアルコールの効果で料理に甘みと旨みをつけます。また、煮魚などの煮崩れを防ぐ、魚の臭みを消す、仕上げの照りを出すなどの役割も。

【みそ】

大豆や米、麦を原料とする日本の伝統的な発酵食品。栄養が豊富で濃厚な旨みとコクがあり、みそ汁だけでなく魚の煮物や肉料理の炒め物にも最適です。

【しょうゆ】

味のベースとなり、色づけ、香りづけ、食材の臭み消し効果もある、日本料理に欠かせない万能調味料。味の調整役にもなり、洋風レシピでも数滴入れると味を落ち着かせることができます。

【酢】

米酢や穀物酢があり、最初の1本には穀物酢がおすすめ。味を引き立てるなど、酸味づけ以外の用途もあります。

【マヨネーズ】

油・酢・卵を混ぜ合わせた調味料。サラダだけでなく野菜や肉を炒めるときにも使えます。油分があるため素材の旨みとコクを引き出してくれます。

【焼肉のたれ】

焼肉だけでなく、サラダ油と混ぜてドレッシングにしたり、炊き込みご飯の味つけに使ったりできる調味料。にんにくなどの香味野菜の旨みとコクで、味に深みが出ます。

【トマトケチャップ】

トマトの酸味や甘みが、どんな料理にも合わせやすく、炒め物や煮込み料理、ソースの材料にも使えます。ベースの調味料に加えれば、隠し味として味に深みが出ます。

あると便利！ お助け調味料のトリセツ

少し入れるだけで、料理が味わい深くなるお助け調味料。
容器から出すだけなので、手間が省けて便利！

【わさび】

刺身や蕎麦の薬味として使うのはもちろん、マヨネーズと合わせてソースにしても◎。

【からし】

薬味として添えたり、調味料として使ったり。ツンとした辛味が料理に変化を与えます。

【にんにく】

すりおろす必要がなく、手軽に炒め料理の風味づけやアクセントづけに使えます。

【しょうが】

皮をむき、すりおろす手間が省けて便利。臭み消しや香りづけ、薬味として使います。

【七味唐辛子】

唐辛子を主として7種類の香辛料や薬味を調合した日本のブレンドスパイスです。

【カレー粉】

カレーライス作りだけでなく、カレー風味をつけるときのミックススパイスとしても使用。

【粉チーズ】

チーズを粉状にしたもので、野菜や肉料理にふりかけると濃厚な風味が出ます。

【粒マスタード】

からし菜の種子が原料。スパイシーな辛味と爽やかな酸味が特徴で、肉によく合います。

調理がラクになる 正しい「切り方」

スポーツでいうと正しいフォームのようなもの。
安全かつ、できるだけラクに調理するためのコツです。

Point 1
食材は
ゆるく押さえる

きれいに切るためには材料の持ち方が重要。ゆるく押さえることで少しずつ手をずらしながら切ることができます。

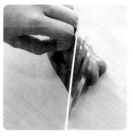

Point 2
まな板の下に
濡れ布巾

材料を切るときにまな板がずれると包丁で怪我をしかねません。濡れ布巾や濡らしたペーパータオルを敷くと滑らず安定し、作業がしやすくなります。

Point 3
斜め45度の姿勢で立つ

調理台と身体の間にこぶしひとつ入るほどの距離を保ち、利き手と同じ側の足を一歩引いて斜め45度の姿勢を作ると食材が切りやすくなります。

本書で使う 基本の切り方

切り方ひとつで食感、食べ応えが変わります。
火の通りをコントロールするためにも、
料理によって使い分けます。

【ざく切り】

サイズの揃えにくい野菜を4〜5cm角の大きさにざっくりと切ります。キャベツや小松菜などの葉物野菜を、炒め物や鍋物に使うときの切り方です。

【小口切り】

ねぎやきゅうりなどの丸くて細長い野菜を横にし、上から垂直に切ります。切り口は輪切りと同じですが、用途により1〜2mm程度に薄く切ります。

【半月切り】

輪切りを半分にした切り方で、半月のような形になります。野菜を縦半分に切ったあと、切り口を下にして5mm〜2cm程度の幅になるように切ります。

【輪切り】

大根やにんじんなどの筒状の野菜を、切り口が円形になるように切ります。端から垂直に一定の幅で切りますが、切る幅は料理によって変えます。

【薄切り】

玉ねぎなどの丸い野菜を半分に切り、切り口を下にして2mm程度の厚さで薄く切ります。繊維に沿って切ったときと垂直のときで食感や味が変わります。

【角切り】

さいころ状にする切り方。厚めに輪切りにし、切り口を上にして輪切りと同じくらいの幅で縦横に切ります。1cm程度のものはさいの目切りと呼びます。

【いちょう切り】

半月切りをさらに半分にした切り方。にんじんのような縦長の丸い野菜を縦に十字に切ったあと、切り口を下にして切ります。幅は料理によって変えます。

> **❰❱POINT**
>
> 【焦らずゆっくりと】
> 早く切ろうと思わず、ゆっくり丁寧に。同じ太さ、大きさに揃えることを意識しましょう。大根やにんじんで練習するのがおすすめ。

【千切り（根菜類）】

にんじんなど、根菜類の千切りは、5cmほどの長さに切ってから、幅2mm程度の板状に薄切りします。さらに切り口を下にして、数枚ずらしながら並べ、1～2mm幅に細長く切ります。

【千切り（キャベツ）】

キャベツを1mm程度の細さに切ります。葉を数枚はがして、芯を取り除いたあとにくるりと丸め、切ります。くし形切りからそのまま千切りすることもできます。葉脈に対して垂直に切ると柔らかい食感に。

【細切り】

薄切り　斜め薄切り

薄切りにした野菜を、千切りよりも太く繊維に沿って縦に2～4mmの幅に切るのが細切り。斜めに薄切りしてから細切りすることをなます切りといいます。

【くし形切り】

球状の野菜を放射状に切ります。縦半分に切ったあと切り口を下にしてさらに半分に切り、4分の1、8分の1と大きさを変えることができます。

【乱切り】

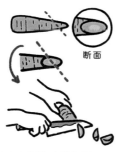

断面

材料を回しながら同じくらいの大きさになるように切ります。面が大きくなり、火が通りやすくなる効果があります。大根など材料が大きい場合は、縦に2～4等分に切ってから乱切りにしましょう。

【みじん切り】

2～4mmに細切りした野菜を90度に回転させ、さらに2～4mmに切ることで細かくします。片側を切り離さずに切り込みを入れてから刻むと、バラバラにならずに切ることができます。

本書のルール

【レシピの表記について】
計量単位は大さじ1=15㎖、小さじ1=5㎖、1カップ=200㎖です。野菜などの重量はすべて正味重量（皮や種、芯を取り除き、実際に使用する量）です。

【分量について】
基本的に1人分で表記していますが、一部のレシピは作りやすい分量または2人分としています。

【火加減・加熱時間について】
弱火、中火、強火の加減および余熱調理は下記のアイコンで表示しています。

また、ガスコンロは直火のため火の通りが早く、IHはガスと比べ多少時間がかかることがあります。たとえばレシピに加熱10～12分と記載がある場合はガスコンロは10分、IHは12分を目安にするとよいでしょう。その他気温、野菜の品種、食材が冷えているか常温か、などによって、火の通りに多少の差が出ます。

【電子レンジについて】
電子レンジの加熱時間は600Wを基準にしています。お使いの電子レンジのW数を確認し、500Wの場合は1.2倍、700Wの場合は0.8倍を目安に加熱時間を調整してください。

【保存について】
記載している保存期間は目安です。食材の鮮度やお使いの冷蔵庫、保存状況により異なりますのでご注意ください。また、調理器具や保存容器は清潔なものを使用してください。

1章

卵の
トリセツ

安くて日持ちするうえに、
シンプルな調理で料理ができる卵は
自炊1年生の力強い味方。ただ、火加減や
火から離すタイミングが難しかったり、
卵焼きを作る際にうまく巻けないなど、
悩む人も多いよう。
この章では絶対に失敗しない
卵の取り扱い方を習得しましょう。

知っておきたい
卵のこと

実は、卵には意外と知られていない性質・特徴があり、
それがわかればさらにおいしさを引き出せます。
万能食材なので料理の幅も広がりますよ。

卵黄

栄養がぎっしり。たんぱく質が
豊富で人の体に必要な必須アミ
ノ酸が含まれています。

濃厚卵白

黄身の周りの盛り上がった卵白。
ぷりっと弾力があり腐敗を防止
する作用があります。

水様卵白

水っぽくさらっとしており、黄
身や濃厚卵白を守るクッション
の役目を果たします。

☑ 鮮度によって使い分ける

日が経った卵は卵白に二酸化炭素が溶けて弾力がなくなり、全体に広がりやすく水っぽくなります。また、キメ細かい泡が立ちやすく溶けやすいので、茶わん蒸しや卵とじに向いています。新しい卵は黄身がぷりっと丸く、目玉焼きやゆで卵などに使うといいでしょう。

【 新しい卵 のほうが作りやすい料理 】

 卵焼き　 目玉焼き　 スクランブルエッグ　 ゆで卵

【 古い卵 のほうが作りやすい料理 】

卵とじ　　茶碗蒸し

☑ 「短時間で加熱」が成功のカギ!

実は卵白と卵黄では固まる温度に違いがあり、卵黄は65℃から70℃、卵白は60℃から80℃で固まります。80℃以上になると味わいが落ちてしまうので、卵料理を作る際は短時間で手早く仕上げたい。

☑ 割るときは「面」で!

角ではなく平らな面に卵を水平にし、コツンと軽く打ちつけると、黄身が崩れず殻が中に入りにくいです。ひびに親指を当てて両側に開いて割りましょう。

☑ 意外と長く持つ

卵は、採卵後、夏16日、春・秋25日、冬57日が消費期限の目安です。10℃以下で保存すると、かなり長く持ちます。保存場所は冷蔵庫がベストです。

よりおいしくなる
調味料 & 油脂使い

大きく2つに分けると、「しっかり固めるもの」と
「ふんわり柔らかく仕上げるもの」がある卵料理。
相性のいい調味料を知れば、もっとおいしく仕上がります!

「しっかり 固めたい」 卵料理

目玉焼きやゆで卵など、固めて仕上げるジャンルの卵料理は、塩や酢を使うのが失敗なく仕上げるコツ。目玉焼きは卵白に塩を加えて、固まりづらい卵白を固まりやすくします。ゆで卵は酢か塩を加えてゆでると、万が一殻が割れてしまったときに卵白を固めてくれるので安心です。

目玉焼きには 塩 !

塩は食材に含まれる水分を抜き、たんぱく質を固める働きがあるので、肉や野菜などの下処理にも使われる調味料。卵も同様で、フライパンに卵液を流し込んだ後、卵白の部分に塩をふると固まりやすくなります。

ゆで卵には 酢 !

ゆで卵を作るときは、沸騰した湯の中に酢(もしくは塩)を加えてから卵をゆでます。こうすると万が一、卵の殻にヒビが入り、卵液が流れ出そうになった場合も凝固作用によって固めてくれる効果があり、安心です。

「ふんわり仕上げたい」卵料理

卵料理をとろっと半熟で仕上げたい場合やふんわりした食感を味わいたい場合、卵の混ぜすぎはNG。卵白と卵黄が完全に混ざってしまうと卵液が固まりにくく、ふんわりした食感になりにくいからです。混ぜすぎないためにも、菜箸で溶くといいでしょう。さらに、混ぜた後に箸で卵液を持ち上げて、白身を切るとより効果的です。

スクランブルエッグには乳製品！

スクランブルエッグはバターや牛乳などの乳製品を用いると、卵液への火の当たりがやわらぎ、ゆっくりと均一に火が通ります。また、卵液を混ぜる際に白身を切ると、よりなめらかな卵液になり、食感よくふんわりと仕上げることができます。

卵焼きには砂糖！

砂糖は甘いだけでなく保水効果があり、卵に含まれるたんぱく質が固まるのを抑えます。卵液に加えることで火の当たりがやわらぎ、食べたときも柔らかい食感に。冷めても柔らかいので、お弁当に入れてもおいしく食べられます。

卵とじにはたっぷりの水分！

卵とじは煮汁の水分を多くすると、熱しているときに浮力が働き、卵が沈まずふんわり固めることができます。卵液を混ぜる際に白身を切る＆火加減は最初から最後まで一定のまま、短時間で手早く仕上げるのも、柔らか食感に仕上げるコツ！

ゆで卵

そのまま食べるのはもちろん、
崩してソースにもなる、使い勝手抜群のゆで卵。
自分で作れば、6分でとろとろ卵、8分で半熟、
10分で固ゆでなど好きな硬さに調整できます。

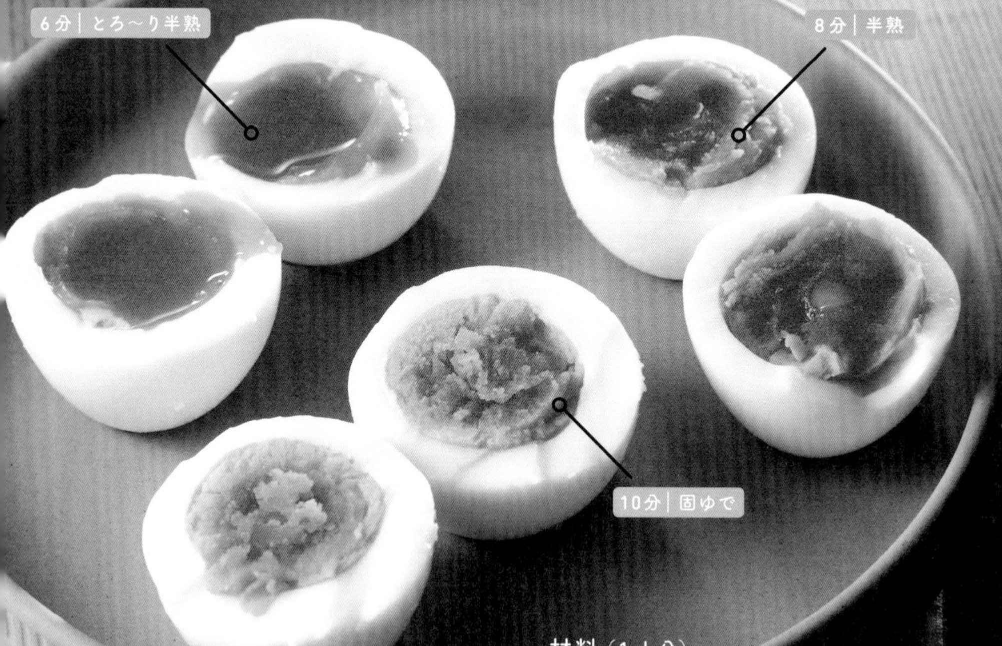

6分｜とろ〜り半熟

8分｜半熟

10分｜固ゆで

材料（1人分）
●●●●●●
● 卵 … 3個
● 塩 … 小さじ1（または酢小さじ1）
● 水 … 5カップ

※卵は室温に20分以上おくか、ぬるま湯に3分浸し
て必ず常温にしておく。

卵を入れる

小鍋（16cm）に水を入れて強めの中火にかけて沸騰させ、塩を加える。卵を1個ずつお玉にのせて沈める。

⊗ POINT

【必ず常温の卵を入れる】冷えた卵を沸騰したお湯に入れると卵が割れてしまうので、室温に20〜30分おくか、ぬるま湯に3分浸して、常温にします。

【沸騰してから卵を入れる】沸騰した状態で卵を加えると硬さをコントロールしやすい！

ゆでる

 2-3 min

そのまま2〜3分、お玉でゆっくりかき混ぜながらゆでる。

⊗ POINT

【かき混ぜて卵を動かす】お玉でやさしくかき混ぜることで黄身が中心にきます。

冷やす

目安の時間（6 or 8 or 10分）になったら取り出して冷たい水か流水につけて十分冷やし、殻をむく。

⊗ POINT

【好みの分数で引き上げる】6分だとまだかなり黄身がとろっとした半熟、8分だとほどよい半熟、10分だと黄身にも火が通った固ゆでの状態です。

【すぐに冷やす】すぐに冷やすと殻がきれいにむけます。十分に冷やしておけば、殻をむくのはあとでもOK。

タルタルソース

難しそうなイメージの
タルタルソースも、10分ゆでの
ゆで卵でかんたんに作れます。

材料（1人分）

- ゆで卵（10分ゆで）… 1個
- 玉ねぎ（みじん切り）… 1/10個（10〜20g）
- ［ マヨネーズ … 大さじ2
- A 粒マスタード … 小さじ1/2
- ［ 塩、こしょう … 各少々

※ペーパータオル、ボウルをあらかじめ準備しておく。

作り方

1 ゆで卵を作る（P.25参照）。10分たったら
お玉などでゆっくり取り出し、冷たい水か
流水につける。十分に冷えたら殻をむく。

2 ゆで卵1個をペーパータオルにのせて約8
mm幅の薄切りにし、さらに8mm幅に切って
から、90度回転させて8mm幅に切る。

3 2をボウルに入れ、Aをすべて加えて、よ
く混ぜる。

味つけ卵（塩味&しょうゆ味）

そのままおかずになる味つきゆで卵。
6分ゆでのとろりとした
黄身にしっかり味がしみ込みます。

材料（1人分）

- ゆで卵（6分ゆで）… 3個
［塩味］
- ［ 塩、砂糖 … 各小さじ1
- A 水 … 2/3カップ
［しょうゆ味］
- ［ しょうゆ … 大さじ2
- B 砂糖 … 大さじ1
- ［ 水 … 1/2カップ

※ポリ袋をあらかじめ準備しておく。

作り方

1 ゆで卵を作る（P.25参照）。6分たったらお
玉などでゆっくり取り出し、冷たい水か流
水につける。十分に冷えたら殻をむく。

2 ポリ袋にAまたはBを入れて混ぜ、卵をつ
ける。口をしっかり閉じ、冷蔵庫に半日以
上おく。

卵サンド

とろとろの卵サンドは半熟のゆで卵を使うのがポイント。卵を冷水で十分に冷やし、サンドしたあとは冷蔵庫で30分ほど冷やすと包丁を入れやすくなります。

材料（1人分）

- ● ゆで卵（8分ゆで）… 3個
- ● サンドイッチ用食パン（10枚切り）… 4枚
- A ┌ ● マヨネーズ … 大さじ3
- ● 砂糖 … 小さじ1/2
- └ ● 塩 … 少々

※ペーパータオル、ボウルをあらかじめ準備しておく。

作り方

1 ゆで卵を作る（P.25参照）。8分たったらお玉でゆっくり取り出し、冷たい水か流水につける。十分に冷えたら殻をむく。

2 ゆで卵3個をペーパータオルにのせて約8mm幅の薄切りにし、さらに8mm幅、90度回転させて8mm幅に切る。ボウルに入れてAを加え、よく混ぜる。

3 パンの中央に2の1/2量をのせ、パンを重ねて全体を押すようにしてサンドする。同じようにもう1組作る。ラップで包み、冷蔵庫で30分休ませる。

4 冷蔵庫から取り出してラップごと切り分ける（切るたびに包丁の汚れを濡れ布巾で拭き取る）。

目玉焼き

卵ひとつでできる目玉焼きは、パンにもご飯にも合う万能おかず。
多めの油でカリッと焼いたり、蒸し焼きにしてしっとりさせたりと、
焼き方によってアレンジすることもできます。

材料（1人分）

- 卵 … 1個
- 塩 … 少々
- サラダ油 … 小さじ1

※濡れ布巾とへらはすぐに使えるように準備しておく。

卵を入れる

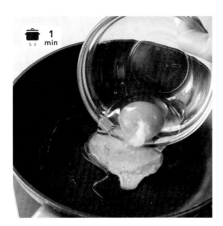

フライパン小（20cm）にサラダ油を入れて中火にかけ、1分ほど加熱して油を広げる。卵を別の容器に割り入れ、中央にそっと流し入れる。

⊗ POINT

【予熱は短く！】フライパンの予熱は短めに、油は入れすぎないこと。

【卵の直割は×】卵はフライパンに直接割り入れず、あらかじめ割ったものを流し入れると、黄身が割れるという失敗を防げます。

焼く

そのまま30～40秒焼き、写真のように白身に火が通ったら濡れ布巾にのせて20～30秒おき、白身に塩をふる。

⊗ POINT

【余熱を利用】濡れ布巾にのせて温度を下げることで、白身と黄身に均一に火が入り、焼きすぎを防げます。

【白身に塩をふる】白身の部分に塩を加えると、固まりやすくなります。

再び中火にかけて、2分ほど焼く。

⊗ POINT

【失敗したら二つ折り】黄身が割れて失敗した！ というときは、二つ折りにすればOK。

目玉焼きの
**かんたん
アレンジ**

ベーコンソテーの カリカリ目玉焼きのせ

定番のベーコンエッグ。基本のレシピより油を増やして
フチをカリカリに焼き上げ、香ばしさを楽しみます。

材料（1人分）

- 卵 … 1個
- 塩 … 少々
- サラダ油 … 大さじ1
- ベーコン … 2枚

※へらとペーパータオルを準備しておく。

作り方

1　フライパン小（20cm）にベーコンを並べて中火に
　　かけ、周りがチリチリとしたら裏返し、さらに1
　　分ほど焼いて器に盛る。

2　フライパンをペーパータオルでぬぐい、サラダ油
　　を入れて中火で2分ほど加熱する。容器に割り入
　　れておいた卵を、中央にそっと流し入れる。

3　白身に塩をふり、中火のまま、白身の周りがカリ
　　カリとして色づくまで3〜4分を目安に焼く。最
　　後に目玉焼きを1にのせる。

レタスの
ふっくら目玉焼きのせ

水を加えてふたをし、卵を蒸し焼きに。
黄身もふんわり柔らかく仕上がります。

材料（1人分）

- 卵 … 1個
- 塩、こしょう … 各少々
- サラダ油 … 小さじ1
- 水 … 大さじ1
- レタス … 約3枚
- しょうゆ（またはソース）… 適宜

※フライパンのふたとへらを準備しておく。

作り方

1　フライパン小（20㎝）にサラダ油を入れて中火に
　かけ、1分ほど加熱し、油を広げる。容器に割り
　入れておいた卵を、中央にそっと流し入れる。

2　そのまま30〜40秒焼き、白身に火が通ったら、白
　身に塩をふる。水を加えてふたをし、中火のまま
　黄身が白っぽくなるまで1〜1分30秒焼く。

3　器にちぎったレタスを広げて2をのせ、好みでし
　ょうゆ、またはソースをかける。

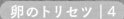

スクランブルエッグ

かんたんなのに、なかなか上手にできない
スクランブルエッグ。火加減のコツを押さえるだけで、
憧れのとろとろ、ふわふわ食感が再現できます。

材料（1人分）

- 卵… 2個
- A
  - 牛乳… 大さじ1
  - 塩、こしょう… 各少々
- バター（できれば冷えたもの）… 10g

※ゴムべらと濡れ布巾はすぐに使えるように準備しておく。

下ごしらえ

ボウルに卵を割り入れ、卵黄を菜箸でつついて割り、箸先をボウルにつけて30回ほど切るように混ぜる。Ａを加え、さっと混ぜる。

⊗ POINT

【箸先はボウルに密着】こうすると卵液に空気が入らず、卵が固まりやすくなります。

【白身を切る】混ぜた後に箸を何度か持ち上げると白身が切れ、滑らかな卵液に。食感がよくなります。

卵液を注ぐ

2 min

フライパン小（20cm）を中火で2分熱し、バターを入れる。バターの形が半分残るくらいになったら、高めの位置から卵液を注ぐ。

⊗ POINT

【卵はバターが溶けきらないうちに注ぐ】バターの粘りによってフライパンの温度が一定に保たれ、卵にゆっくりと均一に火が通ります。

焼く

10-15 sec

10〜15秒そのまま待ち、周りが固まってきたらゴムべらでフライパンに沿って手早く大きく5回、外から中へ混ぜる。

火から外して濡れ布巾にのせ、4〜5回さらに大きく混ぜて、余熱で好みの硬さになるまで火を通す。

⊗ POINT

【余熱で火を通す】卵は火が通りやすいので、コンロの上で作業し続けると加熱しすぎることも。卵が固まり切っていない状態でフライパンを火から外し、濡れ布巾にのせて熱をやわらげ、卵の火の通りを見ながら仕上げます。

オープンオムレツ

見た目もかわいいオムレツ。
蒸し焼きにするだけなので失敗なく仕上がります。

材料（1人分）

- 卵 … 2個
- ミニトマト … 4個
- ┌ 牛乳 … 大さじ1
- └A ┐ 塩、こしょう … 各少々
- バター（できれば冷えたもの）
  … 10g
- パセリ（ドライor生）… 適宜

※ゴムべらと濡れ布巾はすぐに使えるよう
　に準備しておく。

作り方

1 ミニトマトはヘタをとって横半分に切る。

2 ボウルに卵を割り入れ、卵黄を箸でつついて割り、箸
　先をボウルにつけて30回ほど切るように混ぜる。Aを
　加え、さっと混ぜる。

3 フライパン小（20cm）を中火で1〜2分熱し、バター
　を入れる。バターの形が半分残るくらいになったら、
　高めの位置から卵液を注ぐ。

4 10〜15秒そのまま待ち、周りが固まってきたらゴムべ
　らでフライパンに沿って手早く大きく5回、外から中
　へ混ぜる。

5 軽く形を整えてミニトマトをのせ、ふたをして30秒ほ
　ど焼き、火を止める。器に盛り、パセリを散らす。

チーズ入り スクランブルエッグ

チーズを加えて、さらにとろ〜り。
ほんのり塩気とコクがきいて、食べ応えもアップ。

材料（1人分）

- 卵 … 2個
- A「● 牛乳 … 大さじ1
  └● 塩、こしょう … 各少々
- ミックスチーズ … 20g
- バター（できれば冷えたもの）… 10g

※ゴムべらと濡れ布巾はすぐに使えるように準備しておく。

作り方

1　ボウルに卵を割り入れ、卵黄を箸でつついて割り、箸先をボウルにつけて30回ほど切るように混ぜる。Aを加え、さっと混ぜる。

2　フライパン小（20cm）を中火で1〜2分熱し、バターを入れる。バターの形が半分残るくらいになったら、高めの位置から卵液を注ぐ。

3　ミックスチーズを散らして10〜15秒そのまま待ち、周りが固まってきたらゴムべらでフライパンに沿って手早く大きく5回、外から中へ混ぜる。

4　火から外して濡れ布巾にのせ、4〜5回さらに大きく混ぜて、余熱で好みの硬さになるまで火を通す。

卵とじ

旨みたっぷりの卵とじは、小さいフライパンで一気に
仕上げるのがコツ。煮汁の水分を多くすることで調理中の熱を保ち、
その浮力によって卵がふんわり固まります。

材料（1人分）

- 鶏こま切れ肉 … 50g
- 玉ねぎ … 50g（1/4個）
- A ┌ 水 … 1/2カップ
  │ しょうゆ … 大さじ1
  └ みりん … 大さじ2
- 卵 … 2個
- 粉山椒（好みで）… 少々

※菜箸とお玉はあらかじめ準備しておく。

下ごしらえ

玉ねぎは幅3mm程度の薄切りにする。ボウルに卵を割り入れ、卵黄を菜箸でつついて割り、箸先をボウルにつけて15〜20回ほど軽く混ぜる（均一に混ざっていなくてもOK）。

⊗ POINT

【白身を切る】混ぜたあと箸先を何度か持ち上げると白身が切れ、卵液がなめらかに。食感がよくなります。

具を入れる

2-3 min

フライパン小（20cm）にAを入れて中火にかけ、1分ほど煮立てる。鶏肉と玉ねぎを加えてさらに2〜3分煮て、途中、菜箸で上下を返す。

⊗ POINT

【調味料は煮立てる】煮立てることでみりんのアルコールが飛び、甘みがまとまり濃厚な味わいに。

卵でとじる

30 sec

卵1/2量をお玉で中心から外に向かって円を描くように回し入れ、中火で30秒火を通す。

⊗ POINT

【卵は中心→外】フライパンは外側のほうが温度が高いので、外から回し入れると卵がすぐ固まってしまいます。必ず中心から外に向かって注いで！

【火は弱めない】同じ火加減のまま浮力を活かし、短時間で一気に仕上げます。

30 sec

残りの卵液も同様に中心から外へ流し入れ、半熟状になるまでゆすりながら30秒火を通す。最後にフライパンごと斜めに傾け、卵とじをスライドさせるように器に盛り、好みで粉山椒を散らす。

⊗ POINT

【フライパンはゆする】残りの卵液を加えたら、フライパンをゆすり、均一に熱をあてながら味を全体になじませます。

卵とじの
かんたん
アレンジ

ねぎと豚肉の卵とじ

豚肉は小麦粉をまぶすと卵が絡みやすく、食感も柔らかくなります。

材料（1人分）

- 豚こま切れ肉 … 50g
- 小麦粉 … 小さじ1
- 長ねぎ … 30g（1/3本）

A
- 水 … 1/2カップ
- しょうゆ … 大さじ1
- みりん … 大さじ2

- 卵 … 2個
- 粉山椒（好みで）… 少々

※菜箸とお玉はあらかじめ準備しておく。

作り方

1 長ねぎは幅5mmほどの斜め切りにする。豚肉は小麦粉をまぶす。

2 ボウルに卵を割り入れ、卵黄を菜箸でつついて割り、箸先をボウルにつけて15〜20回ほど軽く混ぜる。

3 フライパン小（20cm）にAを入れて中火にかけ、1分ほど煮立てる。1を加え、2〜3分煮る。途中、菜箸で上下を返す。

4 2の卵1/2量を、お玉で中心から外へ円を描くように全体に回し入れ、中火で30秒火を通す。

5 残りの卵液も同様に中心から外へ流し入れ、半熟状になるまでゆすりながら30秒火を通す。フライパンごと斜めに傾け、卵とじをスライドさせて器に盛り、好みで粉山椒を散らす。

にらの卵とじ

シンプルににらだけを加えた卵とじ。
たっぷりのつゆと一緒に、ご飯にのせても◎

材料（1人分）

- にら … 30g（1/3束）
- A
  - 水 … 1/2カップ
  - 塩 … 小さじ1/4
  - しょうゆ … 小さじ1
  - みりん … 大さじ1と1/2
- 卵 … 2個

※菜箸とお玉はあらかじめ準備しておく。

作り方

1　にらは5cmほどの長さに切る。

2　ボウルに卵を割り入れ、卵黄を菜箸でつついて割り、箸先をボウルにつけて15〜20回ほど軽く混ぜる。

3　フライパン小（20cm）にA を入れて中火にかけ、1分ほど煮立てる。1 を加え、1〜2分煮る。途中菜箸で上下を返す。

4　2の卵1/2量を、お玉で中心から全体に回し入れ、中火で30秒火を通す。

5　残りの卵液も同様に中心から外へ流し入れ、半熟状になるまでゆすりながら30秒火を通す。フライパンごと斜めに傾け、卵とじをスライドさせて器に盛る。

卵焼き

フライパンを使った卵焼きの作り方をマスターしましょう。
巻くときに少々失敗しても、最終的にきれいに仕上がればOK。
お弁当にもぴったりのしっかりした味です。

材料（作りやすい量）

- 卵 … 3個
- A「● 砂糖、水 … 各大さじ1
  └● しょうゆ … 小さじ1
- サラダ油 … 大さじ1
- 大根おろし … 適宜

※ゴムべら、お玉、ペーパータオルはす
　ぐに使えるよう準備しておく。

下ごしらえ

ボウルに卵を割り入れ、卵黄を菜箸でつついて割り、箸先をボウルにつけて30回ほど切るように混ぜる。混ぜたあと、菜箸で何度か白身を切るように持ち上げる。Aを加え、10回ほど混ぜる。

⌄ POINT

【水と砂糖で熱の当たりを調整】卵液に砂糖と水を加えると、加熱しても固まりにくくなり、ゆっくり焼く余裕ができます。また、水を入れると砂糖が溶けやすくなります。

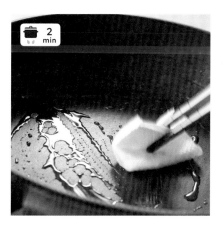

`🍲 2 min`

フライパン大（26cm）にサラダ油を入れて中火で2分ほど熱し、たたんだペーパータオルで油を全体に塗る。

⌄ POINT

【ペーパータオルで油を広げる】油をフライパンに十分なじませることで卵がこびりつかずきれいに焼けます。油はペーパータオルで均等にフライパンになじませます。ペーパータオルはあとでまた使うので捨てないように。

焼く

`🍲 30 sec`

卵液を箸先で落とし、ジュッとなったら、卵液をお玉1杯分入れる。フライパンを傾け、卵が全体にいき渡ったら30秒ほど焼き、長方形になるようにはみ出した左右のへりをゴムべらで寄せる。

⌄ POINT

【予熱はしっかり】卵は低温で焼くとふんわり、なめらかになりません。卵液を入れたときにフライパンがジュッとなるくらいの温度に温めておくことが大切。

次ページに続く

表面が少し乾いた（箸先に少し卵がつくくらい）ら奥から手前にくるくると軸を作るように巻いていく。

◆ POINT

【なるべく細く】最初の軸を細くしておくと、2回目以降が巻きやすいです。

【素早く巻く】表面が半熟のうちに巻いていくと、水分でくっつくので崩れにくくなります。20秒を目安に素早く巻いていきましょう。

フライパンの奥に卵を寄せる。手前のあいたところを油がしみ込んだペーパータオルでさっと拭き、30秒〜1分熱し、残りの卵液の1/2量を入れる。表面が半熟になったら左右のへりを寄せ、さらに卵を巻く。

◆ POINT

【フライパンを傾ける】巻くときにフライパンを自分の体側に傾けるとやりやすい。スプーンで卵を押さえながら、へらと合わせて使ってもOK。

再度ペーパータオルでフライパンに油をなじませたらすぐに、残りの卵液をすべて流し入れる。2回目と同じように素早く、20秒を目安に卵を巻いていき、最後に全体を返して表面に好みの焼き色をつける。

◆ POINT

【30秒〜1分の加熱は不要】3回目に卵を巻くときは、フライパンが十分温まっているので、30秒〜1分の加熱は不要です。ペーパータオルで油をなじませたら、すぐに卵液を入れましょう。

明太卵焼き

明太子に塩気と旨みがあるので、材料はたったこれだけでおいしく仕上がります。

材料（1人分）

- 卵 … 3個
- 水 … 小さじ1
- 明太子 … 40g
- サラダ油 … 大さじ1

※ゴムべら、お玉、ペーパータオルはすぐに使えるよう準備しておく。

作り方

1　ボウルに卵を割り入れ、卵黄を菜箸でつついて割り、箸先をボウルにつけて、30回ほど切るように混ぜる。混ぜたあと何度か白身を切るように持ち上げる。水を加え、明太子を手でちぎって入れ、10回ほど混ぜる。

2　フライパン大（26cm）にサラダ油を入れて中火で2分ほど熱し、たたんだペーパータオルで油を全体に塗る。

3　卵液を箸先で落とし、ジュッとなったらお玉1杯分ほど卵液を入れる。フライパンを傾け、卵が全体にいき渡ったら、30秒ほど焼き、ゴムべらで長方形になるようにはみ出した左右のへりを寄せる。

4　表面が少し乾いた（箸先に少し卵がつくくらい）ら奥から手前に巻いていく。

5　フライパンの奥に卵を寄せ、手前のあいたところを油がしみ込んだペーパータオルでさっと拭き、30秒〜1分熱し、残りの卵液の1/2量を流し入れる。

6　3〜5をもう一度繰り返し、全体を返して表面に好みの焼き色をつける。

ねぎ入り卵焼き

刻んだねぎたっぷりの卵焼き。
ねぎを加えるだけで、一気に彩りも豊かに。

材料（作りやすい量）

- 卵 … 3個
- A [砂糖、水 … 各大さじ1
- しょうゆ … 小さじ1
- 万能ねぎ（小口切り）… 25g（5本分）
- サラダ油 … 大さじ1

※ゴムべら、お玉、ペーパータオルはすぐに使えるよう準備しておく。

作り方

1　ボウルに卵を割り入れ、卵黄を菜箸でつついて割り、箸先をボウルにつけて30回ほど切るように混ぜる。混ぜたあと箸を何度か白身を切るように持ち上げる。Aを加えて10回ほど混ぜ、万能ねぎを加えて軽く混ぜる。

2　フライパン大（26cm）にサラダ油を入れて中火で2分ほど熱し、たたんだペーパータオルで油を全体に塗る。

3　卵液を箸先で落とし、ジュッとなったら卵液をお玉1杯分ほど入れる。フライパンを傾け、卵が全体にいき渡ったら30秒ほど焼き、長方形になるようにはみ出した左右のへりをゴムべらで寄せる。

4　表面が少し乾いた（箸先に少し卵がつくくらい）ら奥から手前に巻いていく。

5　フライパンの奥に卵を寄せ、手前のあいたところを油がしみ込んだペーパータオルでさっと拭き、30秒〜1分熱し、残りの卵液の1/2量を流し入れる。

6　3〜5をもう一度繰り返し、全体を返して表面に好みの焼き色をつける。

2章

食材 の トリセツ

この章では安く手に入り、
ビギナーさんでも扱いやすい
12項目の食材をピックアップ。
これらの食材を最大限においしく
食べるための下ごしらえや保存法、
レシピなど、料理が上手になるための
食材の取り扱い方をご紹介します。

安い！使い勝手がいい！
食材のトリセツ

2章では、安くて、どこでも手に入る上に、調理がかんたん、
いろんな食べ方が楽しめる食材のマルチプレイヤーたちを紹介します。
ちょっとしたコツがわかれば、驚くほどおいしく変身します。

ひき肉
（牛肉）
▼
P.060

塩鮭
▼
P.064

鶏
むね肉
▼
P.048

ひき肉
（豚肉）
▼
P.060

100g
300円以下
で買える
便利食材

鶏
手羽元
▼
P.052

ひき肉
（鶏肉）
▼
P.060

豚こま
切れ肉
▼
P.056

鶏
手羽先
▼
P.052

きのこ
▼
P.074

安価で
使いやすい
便利食材

豆腐
▼
P.076

ピーマン
▼
P.068

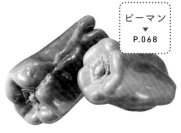

油揚げ
▼
P.078

ミニ
トマト
▼
P.070

ミックス
ビーンズ
▼
P.080

キャベツ
▼
P.072

鶏むね肉

特徴	価格の目安
脂肪分が少なくヘルシーな鶏むね肉。火加減を工夫して調理すればパサつきも防げ、ボリュームのあるメインおかずができ上がります。	最近は人気だが特売品になりやすく、地域によって価格差が出る。

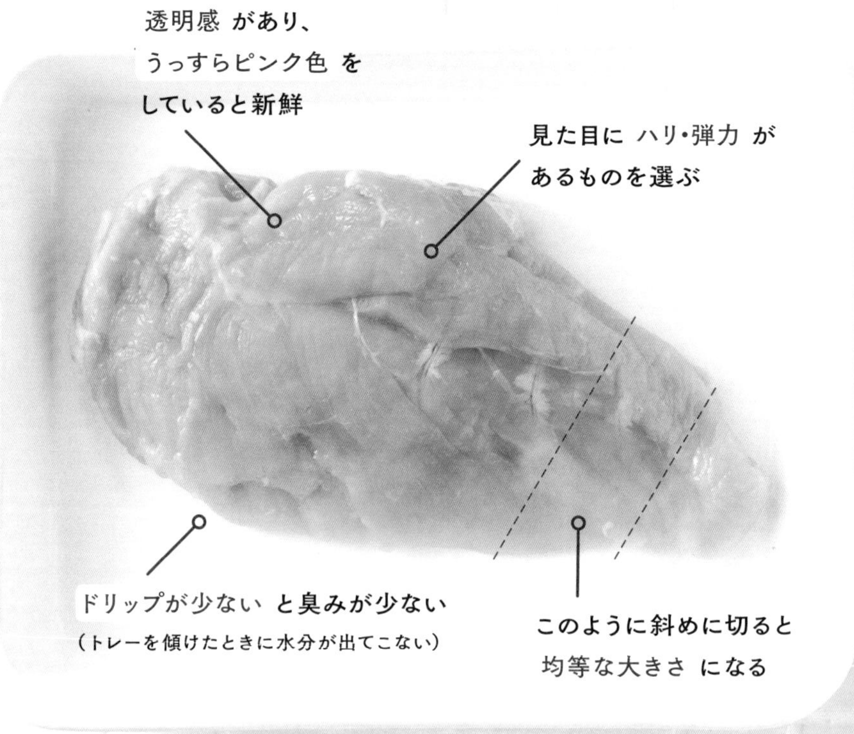

透明感 があり、
うっすらピンク色 を
していると新鮮

見た目に ハリ・弾力 が
あるものを選ぶ

ドリップが少ない と臭みが少ない
（トレーを傾けたときに水分が出てこない）

このように斜めに切ると
均等な大きさ になる

☑ おすすめの調理法

❶ そのまま焼く

鶏むね肉は脂肪が少なく硬くなりやすいので、シンプルに焼くときはフライパンは熱しすぎず、仕上げにタレなどを絡めるのがコツ。

❷ 蒸しゆで

淡泊なむね肉は、その味わいを活かして蒸してあっさりいただくのもおすすめ。あらかじめ砂糖と塩を揉み込むと、水分が逃げずしっとり食感に。

❸ 衣をまとわせる

むね肉は脂肪が少ない分、パサつきやすいので、小麦粉や片栗粉をまぶして調理するとGood。衣のように覆うことで水分を閉じ込めます。

☑ こうすればおいしい!

❶ 厚みを揃えて、拳でたたく

むね肉は、まず皮と脂肪を取り除き、斜めに切ります。そこから切り口を上にし、上からラップをかけて拳で軽くたたいて厚さを揃えると、火の通りが均一になるうえに、柔らかくなります。

❷ 最後は余熱で火を通す

もも肉と比べて脂肪が少なく、火を通しすぎるとパサつきやすくなります。火を止めたあとそのまま余熱を利用して仕上げると、しっとりした食感に。

保存法 ラップで密封

保存する際は1枚ずつぴったりとラップで包み、手で軽く押さえて空気を抜き、冷蔵庫へ。すぐに使わない場合は冷凍庫へ入れると1か月ほど保存可能です。

材料（1人分）

- 鶏むね肉…1枚（200g）

A
- 砂糖…小さじ1
- 塩…小さじ1/2

- きゅうり…1本

B
- 牛乳…大さじ2
- 刻みごま…大さじ1と1/2
- みそ…大さじ1
- 酢…小さじ2
- 砂糖、ごま油…各小さじ1

- サニーレタス、ミニトマト…各適宜

作り方

1 鶏肉は小鍋（16cm）かフライパン小（20cm）に入れ、**A**を
ふって1分ほど揉む。

2 鶏肉が完全に浸る程度の水（分量外）を加え、ふたをして
中火にかける。煮立ったら弱火にして3分ほど蒸し、トン
グで上下を返し、再度ふたをして火を止める。そのまま余
熱で30分ほど火を通し粗熱をとる。

3 ゆで汁が冷めたら鶏肉をゆで汁の中で側面を10回ずつ手で
揉みほぐしてからまな板に移し、一口大にほぐす。あるい
はゆで汁の中で一口大にほぐす。

4 きゅうりはへらで押しつぶし、手で一口大に割る。サニー
レタスは一口大にちぎり、ミニトマトは4つ割りにする。

5 4を器に盛り3をのせたら、**B**を混ぜ、かける。

かんたん蒸し鶏

蒸しゆでにすれば、しっとりした食感に。
きゅうりと合わせバンバンジー風に。

鶏むね肉のピカタ

卵を絡めて焼くと、おしゃれなピカタに。
こんがりした焼き色で見た目もおいしく。

材料（1人分）

- 鶏むね肉 … 1枚（200g）
- A「・塩 … 小さじ1/4
  └ ・サラダ油 … 小さじ1
- 小麦粉 … 大さじ2
- 卵 … 1個
- しめじ … 1/2パック（50g）
- サラダ油 … 大さじ1
- トマトケチャップ（好みで）… 適宜

※ボウル、へら、ペーパータオルはすぐに使えるよう準備
しておく。

作り方

1 鶏肉は2cm幅に斜めに切り、切り口を上
にしてラップをかけ、各5回ずつ拳で軽く
たたく。ボウルの中で鶏肉にAを絡めて小
麦粉をまぶし、別のボウルで溶いた卵を絡
める。しめじは小房に分ける。

2 フライパン大（26cm）にサラダ油を入れて
中火で30秒ほど熱し、鶏肉を入れて3分ほ
ど焼く。焼き色がついたら上下を返し、3
分ほど焼く。

3 しめじにも溶き卵を絡め、フライパンのあ
いたスペースに加え、ふたをして弱火で2
分ほど焼く。器に盛り、好みでケチャップ
を添える。

鶏むね肉の
マヨネーズ絡め

あっさりしたむね肉に、マヨネーズ
たっぷりのタレが絡んで食べ応えアップ。

材料（1人分）

- 鶏むね肉 … 1枚（200g）
- サラダ油 … 小さじ2
- A「・マヨネーズ … 大さじ3
  └ ・しょうゆ … 小さじ1
- わさび（またはからし）… 適宜

※へら、ペーパータオルはすぐに使えるよう準備しておく。

作り方

1 鶏肉は2cm幅に斜めに切り、切り口を上
にしてラップをかけ、各5回ずつ拳で軽くた
たく。

2 フライパン大（26cm）にサラダ油を入れて
中火で30秒ほど熱し、1を並べて3分ほど
焼く。焼き色がついたら上下を返し、2分
ほど焼く。Aを合間に混ぜておく。

3 余分な油をペーパータオルで拭き取り、A
を加えてさっと炒める。器に盛り、わさび
またはからしを添える。

鶏手羽元・手羽先

特徴	価格の目安
そのまま使えて、おいしい出汁の出る骨つき肉。品質の差が出にくいので、どこでも安心して買えるのも魅力です。	店によっては手羽元のほうが手羽先より安いことも。特売も多い。

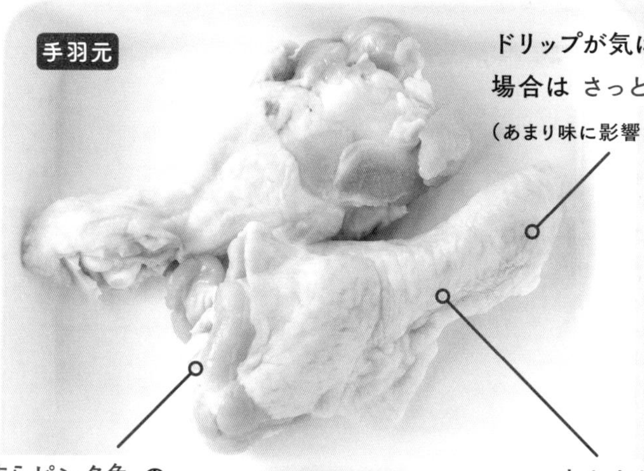

手羽元

ドリップが気になる
場合は さっと洗えばOK
（あまり味に影響しない）

うっすらピンク色 の
ものを選ぶ

大きすぎない ものの
ほうが身がしまって
いておいしい

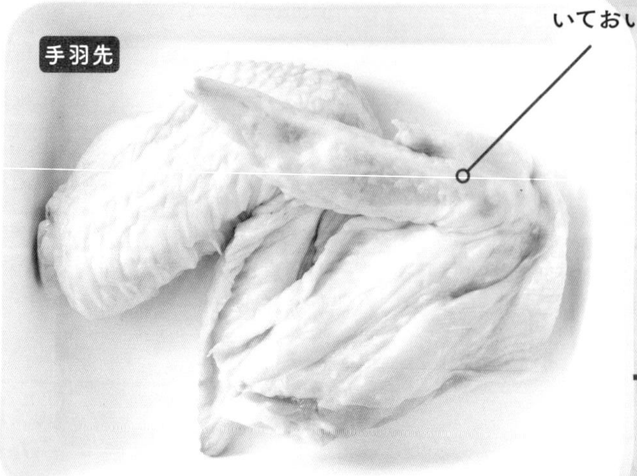

手羽先

☑ おすすめの調理法

❶ 臭みを消す

骨からいい出汁が出ますが、やや臭みが気になることもある鶏手羽。にんにくやしょうがといった、臭みを消す薬味と合わせると、よりおいしく食べられます。

❷ 煮て放置

火が通るまで多少時間がかかる分、逆にいえばある程度放っておいても硬くなるということがありません。煮汁が少なくなったら少し水を足すくらいルーズな感覚でも大丈夫。

❸ 形を活かす

独特の形を活かして、そのまま調理できる点も魅力。見た目にも存在感があるので、料理の見栄えもよくなります。手羽先と手羽元をミックスして使うのもおすすめです。

☑ こうすればおいしい！

❶ 骨に沿って切り込みを入れる

手羽元と手羽先はボリュームがあり、やや食べにくいことも。骨に沿ってキッチンバサミなどで切り込みを入れて調理すると、味がしみやすくなります。

❷ 先を切り落とす

手羽先は調理する際意外とかさばるので、関節で切り落として扱いやすくしてもOK。先の部分はほぼ軟骨で食べるところは少ないですが、いい出汁が出るので一緒に調理しましょう。

保存法

ポリ袋に入れる

保存する際は、まとめてポリ袋に入れればOK。その状態で冷凍しても、1か月は保存可能です。切った先はとっておき、スープや煮物に入れると出汁が出ておいしくなります。

材料（作りやすい量）

- 鶏手羽先（または手羽元）… 250〜300g（5〜6本）
- 玉ねぎ … 100g（1/2個）

A
- 砂糖 … 大さじ3
- しょうゆ … 大さじ2
- 酢 … 1/4カップ
- 水 … 1カップ
- しょうがのすりおろし（チューブ）… 小さじ1（5g）

- 貝割れ大根（好みで）… 適宜

※へらを準備しておく。

作り方

1 手羽先はキッチンバサミで先を落とし、骨に沿って切り込みを入れる（切り落とした部分が鍋に入らなければ、除いてもいい）。玉ねぎは5mm幅の薄切りにする。

2 鍋に1を入れてAを加え、中火にかける。煮立ったら上下を返し、火を少し弱めて20分ほど煮る。途中、何度か上下を返す。器に盛り、好みで貝割れ大根をのせる。

鶏手羽先の酢じょうゆ煮

酢の効果で肉が柔らかくほぐれます。弱火でじっくり煮込むと、味がしっかりしみ込みます。

鶏の炊き込みご飯

炊飯器にすべての材料を入れ、
炊飯するだけ。青のりの香りもよく、
和風出汁の落ち着く味わいです。

材料（作りやすい量）
- 鶏手羽先（または手羽元）
  … 250〜300ｇ（5〜6本）
- 米 … 2合（150ｇ）
  - A
    - 水 … 350㎖
    - しょうゆ … 大さじ2
    - みりん … 大さじ1
    - 塩 … 小さじ1/2
- しめじ … 50ｇ（1/2パック）
- 青のり（好みで）… 適宜

作り方

1 米はといでざるにあげ、30分ほどおく。手
羽先はキッチンバサミで先を切り落とし、
骨に沿って切り込みを入れる（切り落とした
部分が炊飯器に入らなければ、除いてもいい）。

2 炊飯器に米、手羽先の順に入れ、小房に分
けたしめじをのせる。

3 Aを上から注ぎ、そのまま炊く。器に盛り、
好みで青のりをふる。

手羽元のトマト煮

トマトジュースとケチャップを
使ったトマト煮。手羽元にトマトの旨みが
加わって味に深みが出ます。

材料（作りやすい量）
- 鶏手羽元 … 250〜300ｇ（5〜6本）
- 玉ねぎ … 50ｇ（1/4個）
  - A
    - 塩 … 小さじ1/2
    - トマトケチャップ … 大さじ2
    - トマトジュース（無塩）… 1カップ
    - 水 … 1/2カップ
    - オリーブ油 … 大さじ1
    - にんにくのすりおろし（チューブ）
      … 小さじ2（10ｇ）
- 粉チーズ、パセリ（好みで）… 適宜

※へらを準備しておく。

作り方

1 手羽元は骨に沿って切り込みを入れる。玉
ねぎは5㎜幅の薄切りにする。

2 鍋に1を入れてAを加え、中火にかける。
煮立ったら上下を返し、火を少し弱めて20
分ほど煮る。途中、何度か上下を返す。器
に盛って粉チーズをふり、好みでパセリを
散らす。

豚こま切れ肉

特徴	価格の目安
比較的安価でお財布にやさしい。さまざまな部位がミックスされ、味や食感の違いが楽しめる。薄く小さめのカットで、さっと火が通るのも魅力!	100円/100g以下だとお手頃価格。

適度に 脂肪(サシ) が
混ざっている

淡いピンク色 を
しているものが
おすすめ

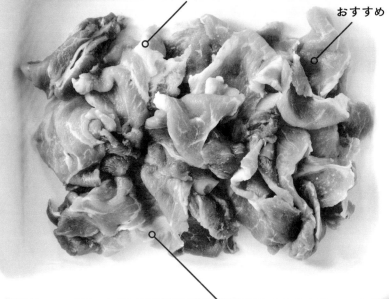

脂肪の色が
黄色っぽい ものは避ける

☑ おすすめの調理法

❶ 片面焼きに

薄くて小さい豚こま切れ肉は、火が通るのもあっという間。焼きすぎると硬くなるので、両面をしっかり焼くというより、片面だけをさっと焼くイメージで調理すると◎。

❷ 野菜をミックス

豚こま切れ肉自体が薄くて小さいので、合わせる野菜でボリュームアップ。生野菜をふわっと盛ったり、大きめに切った野菜と一緒に炒めたりすると見栄えがよくなります。

❸ 丸めて焼く

肉片が薄い豚こま切れ肉は、小麦粉などのつなぎを加えて丸めれば即席だんごのでき上がり。ひき肉を丸めるより簡単な上、焼いてもふっくら柔らかい食感が楽しめます。

☑ こうすればおいしい!

❶ ぬるしゃぶで柔らかく

肉のたんぱく質は60度以上で固まり、縮み始めます。ゆでるときは熱湯に水を加えて温度を下げましょう。熱湯1ℓに水1カップで80度程度になり、柔らかい火の通りになります。

❷ 小麦粉をまぶす

炒める際は肉の表面に小麦粉をまぶしておくと、肉の旨みが逃げることなく、ジューシーに。焼き上がったときも口当たりが柔らかく、おいしく仕上がります。

保存法 使う分量に分けてラップで密封

1回あたりに使う分量に小分けにし、ラップで包んでから軽く押して空気を抜き、冷蔵庫へ。すぐに食べない場合は冷凍庫に入れて約1か月保存できます。

のり巻き肉だんご

豚こまを丸めたユニークな一品。
ふっくら柔らかく、
のりで巻くので形も崩れません。

材料（1人分）

- 豚こま切れ肉…150g
- A ● しょうゆ、砂糖…各小さじ1
- 小麦粉、サラダ油…各小さじ2
- 8切焼きのり…6枚
- 七味唐辛子（好みで）…適宜

※へら、またはトングを準備しておく。

作り方

1 豚肉にAを加えてよく揉み込み、6等分に丸め平たい楕円型にする。

2 1をのりで巻き、軽くつぶして、小麦粉をまぶす。

3 フライパン小（20cm）にサラダ油を入れて中火で30秒ほど熱し、のりの巻き終わりの部分を下にして2を入れる。動かさないように3分ほど焼き、へらで上下を返して2〜3分焼く。

豚のしょうが焼き

定番の人気おかず。しょうがとにんにくを
合わせてコクを出します。

材料（1人分）
- 豚こま切れ肉 … 150g
- 玉ねぎ … 100g（1/2個）
- 小麦粉、サラダ油 … 各小さじ2

A
- みりん … 大さじ2
- しょうが（チューブでも可）、しょうゆ … 各大さじ1（しょうがは15g）
- にんにく（チューブでも可） … 小さじ1/2（2.5g）

- 万能ねぎ（小口切り） … 適宜

※へらを準備しておく。

作り方

1　玉ねぎは5mm幅の薄切りにする。Aのしょうがは皮をこそげとり、すりおろす。にんにくも同様にすりおろし、Aを混ぜる。

2　フライパン小（20cm）にサラダ油を入れて中火で30秒ほど熱し、豚肉と玉ねぎを広げる。豚肉に小麦粉をふりかけ、動かさないように2分ほど焼き、肉の周りが白くなり焼き色がついたら、へらで上下を返して1分ほどさっと炒める。

3　中心をあけてAを入れて煮立たせ、豚肉に絡めながら1分ほど炒める。

しゃぶしゃぶサラダ

80度程度のお湯でゆでた豚肉を、
たっぷりの野菜と合わせてサラダ風に。
わかめも入って、栄養バランスもバッチリ。

材料（1人分）
- 豚こま切れ肉 … 150g
- 水菜 … 30g
- わかめ（乾燥） … 小さじ1
- ミニトマト … 3個

A
- しょうゆ、サラダ油 … 各大さじ1
- 酢 … 小さじ2
- 砂糖 … 小さじ1/2

※菜箸を準備しておく。

作り方

1　鍋（20cm）に1リットルの熱湯（分量外）を沸かし、1カップの水（分量外）を入れて火を止める。豚肉を広げ入れ、1分ほど菜箸で揺らし、ざるにあげて水気をきる。

2　わかめは5分ほど水につけて戻し、水気をきる。水菜は4cm長さに切る。トマトはヘタをとって半分に切る。

3　Aを合わせてよく混ぜる。

4　ボウルに1、2を合わせて3の1/2量のタレを全体に絡めて器に盛り、残りのタレを回しかける。

ひき肉

特徴	価格の目安
比較的安価で家計の強い味方に。さまざまな部位がミックスされており、旨みが濃いが脂肪も多い。日持ちしないので、1〜2日で使い切ること。	鶏、豚、牛の順番で価格が安い傾向にある。

鶏肉

色が全体に 均一 で
ムラがないものを選ぶ

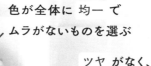

ツヤ がなく、
黒ずんでいる ものは 避ける

牛肉

豚肉

傷みやすいので、
加工日が新しい ものを選ぶ

☑ おすすめの調理法

❶ 炒めてから調味

ひき肉といえばそぼろ！炒めて調味するだけで一品に。調味料を工夫すれば味のバリエーションは無限大。ご飯にのせたり、オムレツの具にしたりと多様に使えます。

❷ 豚＋鶏を混ぜる

合いびき肉は牛と豚を混ぜたものですが、同様に鶏ひき肉と豚ひき肉を合わせて使うのもおすすめです。コクもあり柔らかく、和洋中何にでも使え、さっぱりした味わいに。

❸ 余熱で火を通す

肉片が細かい分、火の通りが早いので、炒めるときは上手に余熱を利用。ある程度加熱したら火を止めて余熱で炒め、火の通りをコントロール。硬くなるのを防ぎます。

☑ こうすればおいしい！

❶ 粘りが出るまで混ぜる

ハンバーグやつくねなどの肉だねを作るときは、粘りが出るまで混ぜると焼いたときにジューシーに。手のひらは温度が高く脂が溶け出しやすいので指先だけで素早く混ぜます。

❷ 余分な脂をとる

ひき肉は小さな粒状のため表面積が大きく、脂が出やすい。調理する際は出てくる脂を随時、ペーパータオルで拭き取ると調味しやすく、雑味も除けます。

保存法

使う分量に分けてラップで密封

傷みやすいので、すぐに食べない場合は冷凍保存。1回で使い切れる分量に分けてラップで包み、シート状にして空気を抜き、冷凍庫へ。保存期間は約1か月。

Advanced Recipe

ひき肉の
使いこなし
メニュー

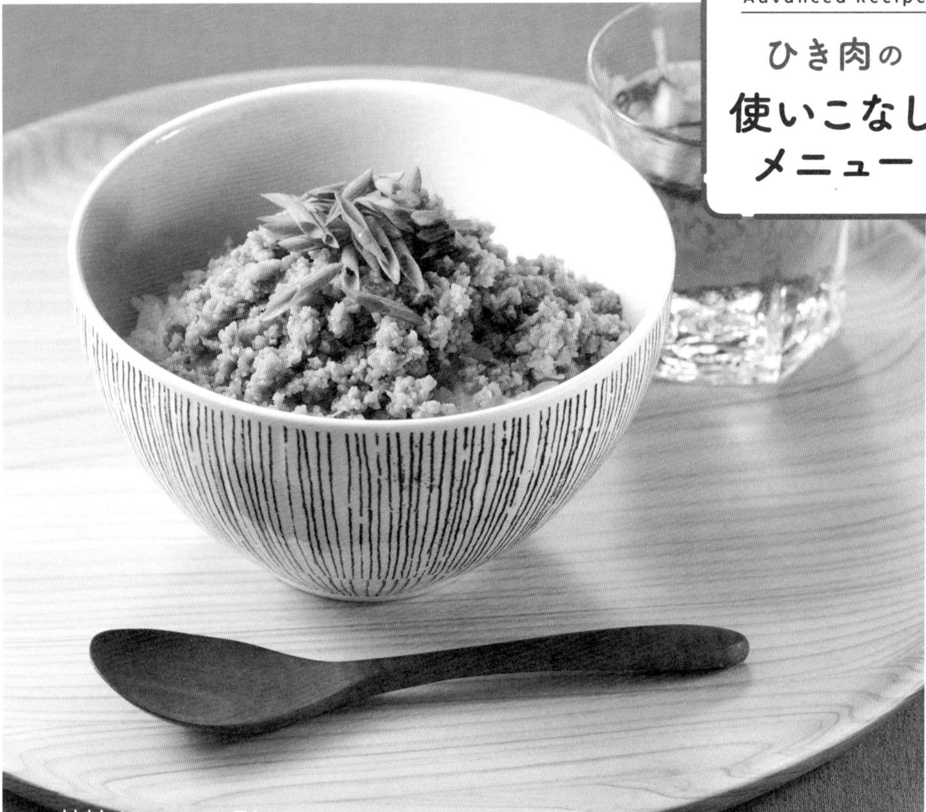

和風鶏そぼろ

みそやしょうゆを使った和風味のそぼろ。
ひき肉に脂があるので炒め油は使いません。
万能ねぎなど薬味をのせても◎。

材料（作りやすい量）

- 鶏ひき肉…150g
- A
  - みそ、しょうゆ、砂糖…各大さじ1
  - しょうがのすりおろし（チューブ）…小さじ1（5g）

※菜箸を準備しておく。

作り方

1 ひき肉とAを小鍋（16㎝）に入れ、よく混ぜる。

2 中火にかけ1分ほど菜箸2～3本で混ぜながら火を通す。少し色が変わったら火を止め、30～40秒混ぜる。

3 再び中火にかけ1分ほどしたら火を止め、30～40秒混ぜる、を3回ほど繰り返す。なべ肌からひき肉がはずれるくらいになったら、バットにあける。

刻み野菜入りつくね

外はこんがり、中はふっくら蒸されたおいしさが楽しめます。豚ひき肉と鶏ひき肉を半々で混ぜてもさっぱりしておいしい。

材料（1人分）
- ● 豚ひき肉 … 150g
- A ● 塩 … 少々
- ● 小麦粉 … 大さじ1
- ● 長ねぎ … 1/2本（50g）
- ● サラダ油 … 小さじ2
- B ● しょうゆ、みりん、水 … 各大さじ1

※へら、ペーパータオルを準備しておく。

作り方

1 長ねぎは半分の長さに切り、半分は2～3等分のぶつ切り、残りはみじん切りにする。

2 長ねぎのみじん切りとAをボウルに入れて1分ほどよく練り混ぜ、3等分にして平らな楕円形にする。

3 フライパン小（20cm）にサラダ油を入れて中火で30秒ほど熱し、2とぶつ切りの長ねぎを入れる。3分ほど焼いたらへらで上下を返し、さらに3分ほど焼く。

4 余分な脂をペーパータオルで拭き取り、Bを回し入れ、1分ほど煮絡める。

洋風炒りそぼろ

ケチャップ味のそぼろは、タコライスやタコスはもちろん、サラダにトッピングしたりと、アレンジの幅が広いのも魅力です。

材料（作りやすい量）
- ● 牛ひき肉（または合いびき肉）… 150g
- ● トマトケチャップ … 大さじ2
- A ● にんにく（チューブ）… 小さじ1（5g）
- ● 塩、こしょう … 各少々

※菜箸、ペーパータオルを準備しておく。

作り方

1 フライパン小（20cm）にひき肉を広げて中火にかけ、2分ほど焼き、軽くほぐれたら1分ほど炒める。

2 出てきた脂をペーパータオルで拭き取り、Aを加えて全体がなじむように1～2分炒める。

塩鮭

特徴	価格の目安
塩味がきいて旨みが強く、魚の中では安価な鮭。焼くだけでなく、蒸したり、だんごにしたりなどいろいろな調理法が楽しめます。	1切れ100円以下で買えることも

パックに 水分 が
たまっていないものを選ぶ

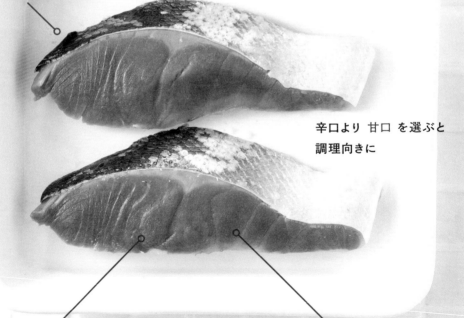

辛口より 甘口 を選ぶと
調理向きに

表面に 脂が浮いていない ほうが
塩分が抜けやすい

身が ふっくら
しているものが良品

☑ おすすめの調理法

❶ 塩分を抜く

買ったままの状態だと塩分はやや濃いですが、ぬるま湯に5分ほどつけると30〜50%の塩分が抜けます。この下処理で、いろいろな料理に使いやすくなります。

❷ 蒸す、煮る

つい「焼く」ばかりになりがちですが、蒸したり、煮たりすると新たなおいしさに。ぬるま湯につけ余計な塩分を抜くことで水分を吸収し、驚くほどふっくら仕上がります。

❸ 形を変える

塩分によって身にほどよい粘りが生まれ、いろいろな調理ができるのも塩鮭の特徴。スプーンで身をこそげて、つなぎに小麦粉を加えて丸めれば、鮭だんごのでき上がり。

☑ こうすればおいしい!

❶ ぬるま湯で洗う

塩鮭は魚特有の臭みがあります。塩抜きのついでに表面をなでるように洗ってぬめりをとると臭みも一緒に消えます。

❷ スプーンでこそげる

骨と皮を避けながら身をこそげると、すぐまとまります。しょうがやねぎなど薬味を混ぜると、さらにおいしくなります。

保存法 1切れずつラップで密封する

水気をペーパータオルで拭き、1切れずつラップで包みます。軽く押さえて空気を抜き、冷蔵庫へ。冷蔵は2〜3日、冷凍は約1か月保存可能。

塩鮭の使いこなしメニュー

塩鮭と野菜のホイル焼き

実はかんたんなホイル焼き。蒸し焼きにすることで身もふっくらします。

材料（1人分）

- 塩鮭（甘口）… 1切れ（100〜120g）
- 玉ねぎ … 50g（1/4個）
- トマト … 80g（1/2個）
- バター … 10g
- こしょう … 少々
- 万能ねぎ（小口切り）… 適宜
- レモン（くし形切り）… 1個

作り方

1 玉ねぎは薄切り、トマトは1cmの輪切りにする。

2 塩鮭はぬるま湯に5分つけて洗い、水気を拭く。

3 30cm角のアルミホイルを用意し、1を交互に敷く。その上に鮭をのせ、バターを散らしてこしょうをふって上下を閉じ、左右から折り込んで包む。

4 フライパンに分量外のサラダ油を入れてペーパータオルで全体に広げ、3をのせる。水大さじ4（分量外）を加えてふたをし、中火にかけ10〜12分蒸し煮にする。仕上げに万能ねぎを散らし、レモンを添える。

鮭だんごスープ

鮭をスプーンでこそげて、だんご状に
丸めます。塩鮭の塩分があるので、
少ないつなぎでもしっかりまとまります。

材料（多めの1人分）

- 塩鮭 … 小1切れ（80g）
- A ┌ 小麦粉 … 大さじ1
  └ しょうがのすりおろし（チューブ）
      … 小さじ1（5g）
- 大根 … 80g
- にんじん … 30g
- B ┌ 水 … 1と1/2カップ
  │ しょうゆ … 小さじ2
  └ みりん … 大さじ1
- 貝割れ菜 … 適宜

作り方

1 鮭はぬるま湯に5分ほどつけて洗い、水気
  を拭いて骨と皮を取り除きながらスプーン
  で身をこそげる。Aを加えてスプーンで1
  分ほど練り、3〜4等分して手でざっと丸
  める。

2 大根とにんじんは皮をむいて幅5mmほどの
  いちょう切りにする。

3 小鍋（16cm）に2とBを入れて中火にかけ、
  煮立ったら1を落とし入れる。そのまま触
  らず、弱火で10〜12分煮る。器に盛り、
  貝割れ菜を添える。

鮭ときのこのみそ汁

普段のみそ汁も鮭が入ると、
一気に具だくさんに。
鮭は大きめに切り、食べ応えを出します。

材料（多めの1人分）

- 塩鮭（甘口）… 小1切れ（80g）
- しめじ … 50g（1/2パック）
- 玉ねぎ … 50g（1/4個）
- 水 … 2カップ
- みそ … 大さじ2
- 万能ねぎ … 適宜

作り方

1 しめじは小房に分ける。玉ねぎは3等分の
  くし形切りにする。塩鮭は3等分にし、ぬ
  るま湯に5分つけて洗う。

2 小鍋（16cm）に1と水を入れて中火にかけ、
  煮立ったら弱火にして、さらに10分ほど煮
  る。みそを溶き入れ、1分ほど煮て火を止
  める。器に盛り、斜め切りにした万能ねぎ
  をのせる。

ピーマン

特徴	価格の目安
生で、焼いて、さっとゆでてといろいろな調理が可能。調理法による食感の変化も楽しめます。	1袋100円以下で買えることも。

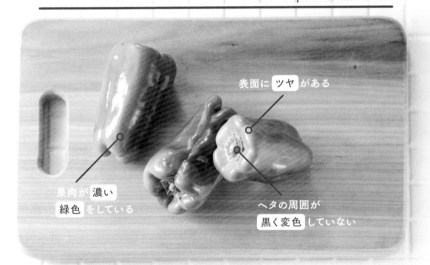

表面に ツヤ がある

果肉が 濃い 緑色 をしている

ヘタの周囲が 黒く変色 していない

☑ おすすめの調理法

❶ ヘタや種はざっくりとる

ヘタや種はきれいにとるものと思いがちですが、加熱調理する場合はついたままでも食べられます。丸ごと調理ならより手軽で、種のプチプチした食感もいいアクセントに。

❷ 手で割る、ちぎる

包丁を使わずに指を入れてざっくりと割ったり、ちぎったりすると、食感の変化が楽しめます。包丁で切るよりも表面積が増える分、味のしみ込みもよくなります。

☑ 知ってお得な豆知識

斜めに切る

斜めに切ると自然なカールがついて調味料や他の食材とのなじみがよくなります。

パプリカで代用可能

同じ分量のパプリカでレシピが応用できます。

保存法 | 使い切れなかったものは、ポリ袋に入れて冷蔵庫へ。ポリ袋に入れることで冷気が直接触れず、長持ちします。

塩もみごま油和え

ピーマンを生のまま斜め切りに。
塩昆布がよく絡みます。

材料（1人分）

- ピーマン … 60g（2個）
- 塩昆布 … 大さじ1（5g）
- ごま油 … 小さじ1

作り方

1 ピーマンは縦半分に切ってざっと種とヘタをとり、斜めに細切りにする。

2 ボウルに入れて塩昆布を加えて混ぜ、5分ほどおいてピーマンがしんなりしたら、ごま油を加えて和える。

さっとゆでおかか和え

食感よくさっと湯がいて。
しょうががしみたおかかもおいしい！

材料（1人分）

- ピーマン … 60g（2個）
- しょうゆ … 小さじ1
- A 砂糖 … 少々
- 削り節 … ひとつかみ

作り方

1 ピーマンは種を除いて一口大の乱切りにする。

2 小鍋（16cm）に2カップの熱湯（分量外）を沸かし、1を加えて1分ほどゆで、ざるにあげる。

3 熱いうちにAで和えて盛りつける。

丸ごと焼きマリネ

ピーマンは焼くことで
マリネ液がしみ込みやすくなります。

材料（1人分）

- ピーマン … 60g（2個）
- オリーブ油 … 大さじ1
- 塩 … 小さじ1/4
- A 水 … 大さじ1
- 酢 … 小さじ1

作り方

1 ピーマンはヘタ側に指で穴をあけて縦に半分に割り、ざっと種をとる。

2 フライパン小（20cm）に1を並べ、オリーブ油をかけて絡め、中火にかける。4～5分焼き、焼き色がついたら上下を返して2分ほど焼く。

3 油ごと耐熱性の皿にあけて、Aを絡めて粗熱をとる。

ミニトマト

特徴	価格の目安
普通のトマトよりも種が多く、その周りの旨みが強い。煮たり焼いたりすると甘みが増します。	1パック15〜20個が主流。200円前後で買えることも。

表面に **ツヤ** がある

ヘタ が **緑色** でしおれていない

皮に **ハリ** がある

☑ おすすめの調理法

❶ 塩と合わせる

種の周りのゼリー状の部分は旨みがたくさん。半分に切って塩と合わせておくだけで味と旨みが濃くなります。ドレッシングに加えたり、マリネにしたりすると◎。

❷ 加熱する

生で食べることが多いですが、加熱すると、また違ったおいしさに。クタッとして味が濃くなり、トマトの旨みだけでスープが作れるほど。栄養もより吸収されやすくなります。

☑ 知ってお得な豆知識

❶ ヘタと平行に切ると旨みアップ

ヘタと平行に切ると旨みや水分が出やすい。お弁当に入れるなら縦切りがおすすめ。

❷ お弁当に入れるならヘタをとる

ヘタには雑菌が多いので、お弁当に入れる場合は必ず取り除きましょう。

 保存法 購入したときに入っていたパックでそのまま保存してOK。

塩・オイルマリネ

塩でトマトの旨みを引き出す！
少ない調味料でおしゃれな味わいに。

材料（作りやすい量）

- ミニトマト
  … 100〜120g（10〜12個）
- A ┌ ● 塩 … 小さじ1/4
  ├ ● 砂糖 … 小さじ1/2
  └ ● 酢、サラダ油 … 各小さじ1
- 刻みパセリ … 適宜

作り方

1 ミニトマトはヘタをとり、横半分に切る。

2 Aを順に加えて混ぜ合わせる。器に盛り、
  仕上げにパセリを散らす。

トマトのアヒージョ

丸ごとのミニトマトは、油で煮ると
ますます甘みと旨みがアップ。

材料（1人分）

- ミニトマト … 100〜120g（10〜12個）
- にんにく … 1かけ
- A ┌ ● しょうゆ … 小さじ1
  └ ● サラダ油、オリーブ油 … 各大さじ2
- 刻みパセリ … 適宜

作り方

1 ミニトマトはヘタをとる。にんにくは4
  等分に切る。

2 フライパン小（20cm）に1、Aを入れて
  中火にかける。ふつふつと煮立ったら弱
  火で4〜5分煮る。仕上げにパセリを散
  らす。

トマトのスープ

トマトの旨みを活かしたスープ。
ベーコンからもいい出汁が出ます。

材料（1人分）

- ミニトマト … 100〜120g（10〜12個）
- ベーコン … 1枚
- オリーブ油 … 小さじ1
- 塩 … 小さじ1/4
- 水 … 1カップ
- A ┌ ● 粉チーズ … 小さじ1
  └ ● 粗びき黒こしょう … 少々

作り方

1 ミニトマトはヘタをとり、横半分に切る。
  ベーコンは1cm幅に切る。

2 小鍋（16cm）に1とオリーブ油を入れて
  中火にかける。ふつふつと十分に煮立っ
  たら塩を加え、ひと混ぜする。

3 水を注いで煮立て、そのまま5分ほど中
  火で煮る。器に盛り、Aをふる。

キャベツ

特徴	価格の目安
生でも加熱してもおいしい。葉と芯の近くで甘みが違うので、調理によって使い分けます。	旬だと1玉150円以下で買えることも。

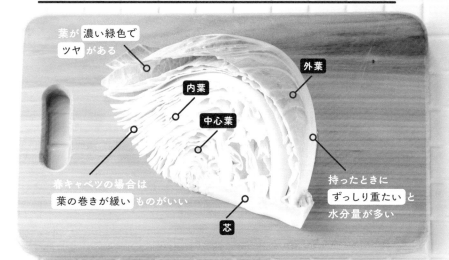

葉が 濃い緑色で ツヤ がある

外葉

内葉

中心葉

持ったときに ずっしり重たい と水分量が多い

巻きキャベツの場合は 葉の巻きが緩い ものがいい

芯

☑ おすすめの調理法

❶ 大きめにちぎる

手で大きめにちぎると、調味料と和えたときにもなじみやすく、食感も残ります。シャキシャキ感を活かしたいサラダや和え物に使うときはこの方法で。

❷ 細かく刻む

千切りやみじん切りのように細かく刻むと、表面積が増える分、調味料がなじみやすく、旨みが引き出されます。特に芯に近い部分は細かく刻むと味がよくしみ込み、食感も◎。

☑ 知ってお得な豆知識

❶ 葉の部分は生食向き

外側に近い葉の部分はパリパリした食感や野菜ならではの青々しい味わいが感じられます。

❷ 中心葉は甘みや辛味がある

芯に近づくほど甘みや辛味がアップ。蒸したり、刻んでサラダに使っても。

（保存法）余った分をラップで包み、冷蔵庫へ。長期間使わない場合はざく切りや千切りにして冷凍可。凍ったまま調理可能。

生キャベツのにんにくじょうゆ

にんにく入りのしょうゆダレと和えて
つまみ風に。外側の葉を使います。

材料（1人分）

- キャベツ … 2枚（100g）
- A
  - にんにくのすりおろし
    （チューブ）… 小さじ1/2
  - しょうゆ … 小さじ2
  - 砂糖、ごま油 … 各小さじ1

作り方

1 キャベツは5cm角にちぎる。

2 ボウルに1を入れてAを順に加え、手で
　揉み混ぜる。

コールスロー

芯に近い部分を使うと食感がよく、甘い。
常備菜にしてお弁当にも。

材料（作りやすい量）

- キャベツ … 2〜3枚（150g）
- A
  - 水 … 大さじ3
  - 塩 … 小さじ1/2
- B
  - マヨネーズ … 大さじ2
  - 酢、砂糖 … 各小さじ1

作り方

1 キャベツは芯を取り除き、葉が大きけれ
　ば縦に2〜3等分に切ってから、5mm幅
　に切る。Aをふり混ぜ、15分ほどおく。

2 水気を軽く絞り、Bを加えて混ぜる。

くし形切りキャベツ焼き

芯のほうから外へ大きめの
くし形切りに。半生が新しい味わい。

材料（1人分）

- キャベツ … 1/8個（150g）
- サラダ油 … 小さじ1
- A
  - みそ、砂糖、酢、水 … 各小さじ1

※へらを準備しておく。

作り方

1 キャベツは2〜3等分幅のくし形切りに
　する。

2 フライパン小（20cm）にサラダ油を入れ
　て中火で熱し、1を入れて3分ほど焼く。

3 へらで上下を返してさらに3分ほど焼き、
　器に盛って混ぜたAをかける。

きのこ

特徴	価格の目安
えのきにしいたけ、ぶなしめじなど種類が豊富。火の通りがよく、どんな食材にも合います。	しいたけ以外は1袋100円以下が相場。

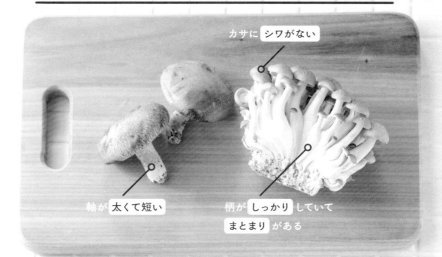

カサに シワがない

軸が 太くて短い

柄が しっかり していて まとまり がある

☑ おすすめの調理法

❶ 2種類をミックス

しめじにえのき、しいたけと種類がいろいろありますが、それぞれ旨みや食感が異なります。数種類を合わせて使うとより味わいに深みが増し、料理上手な仕上がりに。

❷ 加熱調理で旨みを引き出す

きのこは水分も多いですが、焼いたり炒めたりすると水分が抜けて旨みが凝縮されます。スポンジ状なのでおいしい出汁や調味料も吸い込みます。

☑ 知ってお得な豆知識

❶ 品種の特性を活かす

きのこは旨みが多く出汁いらずの素材。エリンギはあわびのような食感でソテーに向く。

❷ 他の食材に合わせやすい

メインになる肉や魚に限らず、野菜とも相性がよく、加熱調理にも強いといいことだらけ。

 保存法 ラップで包み冷蔵保存。水分が出てきたらざるにあげて天日干しに。冷凍保存は1か月OK。解凍せずに使えます。

塩きのこ

シンプルに塩で調味。酢を加えることで
日持ちもよく、常備菜にぴったり。

材料（作りやすい量）
- しめじ、えのき … 計200g
- A
  - ごま油 … 大さじ2
  - 酢 … 小さじ1
  - 塩 … 小さじ1/2

作り方
1 しめじは小房に分ける。えのきは3cm幅
に切る。Aを混ぜておく。

2 小鍋（16cm）に3カップの熱湯（分量外）
を沸かし、1を入れて2分ほどゆでる。

3 ざるにあげて汁気をきり、熱いうちにA
に漬け込み、味をなじませる。

きのこのバターじょうゆ

きのこと相性のいいバターじょうゆ味。
洋食のつけ合わせにもおすすめ。

材料（1人分）
- しめじ、えのき … 計200g
- サラダ油、しょうゆ … 各小さじ1
- バター … 10g
- 刻みパセリ（好みで）… 適宜

作り方
1 きのこは小房に分ける。

2 フライパン小（20cm）に1を広げてサラ
ダ油を絡め、中火にかける。そのまま3
分ほど焼き、返して2〜3分炒める。

3 バターをちぎって加え、最後にしょうゆ
を回しかけ、1分ほど炒める。器に盛り、
好みでパセリを散らす。

きのこの焼きびたし

焼いた2種類のきのこを、
熱いうちにしょうゆ出汁に浸し、
味をしみ込ませます。

材料（作りやすい量）
- しめじ、えのき … 計200g
- サラダ油 … 小さじ1
- A
  - しょうゆ … 小さじ2
  - 削り節 … 1/2パック（3g）
  - 水 … 大さじ3
  - 塩 … 少々
- 七味唐辛子（好みで）… 少々

作り方
1 きのこは小房に分ける。Aを混ぜておく。

2 フライパン小（20cm）に1を広げてサラ
ダ油を絡め、中火にかける。そのまま3
分ほど焼き、返して3〜4分焼く。

3 熱いうちにAに漬け込んで味をなじませ、
器に盛って七味唐辛子をふる。

豆腐

特徴	価格の目安
価格が安定していて、そのまま食べられるのも魅力。絹ごしは口当たり、木綿は大豆感を楽しめる。	100円以下だとお手頃価格。

絹と木綿は 日持ちしにくい ので、
食べきれるサイズ を選ぶ

ペーパータオル に
のせておくだけで
手軽に水がきれる

絹ごし、木綿の他に、
なめらかで
日持ちがいい
充填豆腐 もある

☑ おすすめの調理法

❶ 加工品と合わせる

削り節にしょうゆとワンパターンになりがちな冷ややっこ。残ったザーサイやたくあん、つくだ煮、塩辛などをのせると、小料理屋風のしゃれた一品に。

❷ 形を崩す

中途半端に余ったり、切るときに失敗したりした豆腐は思い切って崩してサラダにのせたり、スープに入れましょう。ペーパータオルに包んで崩すと、手軽に水分がきれます。

☑ こうすれば使いやすい!

❶ 木綿はサラダや炒め物にも

木綿豆腐は水分が少なく崩れにくいので、サラダや炒め物にも使いやすいです。

❷ 絹は汁物や冷ややっこに

絹ごし豆腐は水分が多いので柔らか。口当たりのよさが特徴です。

保存法

使い切れなかった豆腐はかぶるくらいの水につけて保存容器へ。傷みやすいので早めに食べきりましょう。

くずし豆腐のザーサイ和え

ザーサイのしっかり味がアクセントに。
絹ごし豆腐でも◎。

材料（1人分）

- 木綿（または絹ごし）豆腐
  … 1/2丁（150g）
- ザーサイ … 10g
- 万能ねぎ（小口切り）… 3本
- A ┌ ● ごま油、しょうゆ、
  │   砂糖 … 各小さじ1
  └ ● ラー油 … 小さじ1/2

作り方

1 豆腐は6等分にちぎってペーパータオル
  の上にのせ軽く水気をきり、器に盛る。

2 ザーサイ、万能ねぎをAで和え、1にの
  せる。豆腐を崩して混ぜながらいただく。

温やっこ

熱で溶けたバターが豆腐に合う！
絹ごし豆腐でもおいしい。

材料（1人分）

- 木綿（または絹ごし）豆腐 … 1/2丁（150g）
- A ┌ ● バター … 10g
  │   ● しょうゆ … 小さじ1
  └ ● こしょう … 少々
- 万能ねぎ（小口切り）… 適宜

作り方

1 豆腐は半分に切って耐熱の器に入れ、A
  をのせる。

2 ラップをしないで電子レンジ（600W）で
  1分30秒〜2分加熱し、万能ねぎをのせ
  る。

白和え

余った豆腐は形と食感を変えて
白和えに。木綿がおすすめです。

材料（1人分）

- 木綿豆腐 … 1/3丁（100g）
- 水菜 … 30g
- A ┌ ● みそ、砂糖 … 各小さじ1
  └ ● しょうゆ … 小さじ1/4

作り方

1 豆腐はペーパータオルで包み、両手で挟
  んで軽く水気を絞る。水菜は4cm長さに
  切る。

2 豆腐はボウルに入れてスプーンで崩し、
  Aを加えて混ぜる。

3 水菜を加えて和える。

油揚げ

特徴	価格の目安
油揚げはスポンジ状なので、一緒に調理する食材の甘みや旨みもぐんぐん吸います。	5枚で98円以下だとかなりお手頃価格。

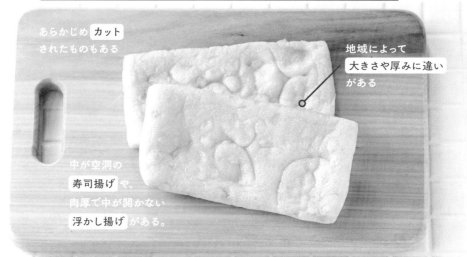

あらかじめ カット されたものもある

地域によって 大きさや厚みに違い がある

中が空洞の 寿司揚げ や、肉厚で中が開かない 浮かし揚げ がある。

☑ おすすめの調理法

❶ 出汁で煮含める

油で調理されているため適度に旨みがあり、油揚げから出汁が引き出されるので煮物には打ってつけ。煮汁や他の食材の旨みもたっぷり吸って格段においしくなります。

❷ 焼く

水分が少なく油が多いので、焼くとパリッと香ばしい味わいに。煮物とはまた違ったおいしさが楽しめます。すでに油で調理されているので油はいりません。

☑ こうすれば使いやすい!

❶ 手軽に使えて味わいが増す

鶏肉や豚肉、野菜との相性がGood。加えるだけでカサ増し&味に深みが出ます。

❷ 油抜きはしなくても OK

基本的にそのまま使ってOK。気になる場合はさっとぬるま湯でもみ洗いしましょう。

 保存法 1枚ずつラップで包み、冷蔵庫へ。すぐ使わない場合は冷凍保存。冷凍してもそのまま切れ、解凍せずに使えます。

わかめと油揚げの煮物

油揚げが煮汁を吸って
ふっくら仕上がります。

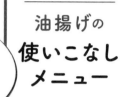

材料（1人分）
- 油揚げ … 1枚
- A「・水 … 3/4カップ
- 　「・しょうゆ、みりん … 各大さじ1/2
- 乾燥わかめ … 大さじ1
- 削り節 … 1/2パック（2g）

作り方

1 油揚げはぬるま湯で洗い、8等分に切る。

2 鍋にAと1を入れて中火にかけ、煮立ったら弱火で5分ほど煮る。

3 わかめを加えひと混ぜしたら、削り節をのせる。

ハムチーズの袋焼き

油揚げの中にハムとチーズを入れて。
外はカリッ、中はトロッ！

材料（1人分）
- 油揚げ … 1枚
- ハム … 2枚
- スライスチーズ … 2枚

作り方

1 油揚げは長い辺に切り込みを入れる。ハムとチーズを半分に切り、油揚げに詰める。

2 フライパン小（20cm）に1を入れ、中火にかけて3〜4分ほど焼く。焼き色がついたら、上下を返して2分ほど焼く。

3 取り出して3等分に切り分ける。

ねぎ和え

揚げは香ばしく焼き上げてカット。
薬味のねぎがアクセントに。

材料（1人分）
- 油揚げ … 1枚
- 長ねぎ … 30g（1/4本）
- A・しょうゆ、砂糖、酢 … 各大さじ1/2

作り方

1 油揚げはフライパン小（20cm）に入れて中火にかけ、3〜4分焼く。焼き色がついたら、上下を返して2分ほど焼く。ペーパータオルの上に取り出し、2cm角に切る。

2 長ねぎは小口切りにする。

3 ボウルに1、2を入れ、Aで和える。

ミックスビーンズ

特徴	価格の目安
グリーンピースにいんげん豆、ひよこ豆がミックス。ホクホクした食感で食物繊維も豊富です。	平均は1袋(50g)120円。メーカーにより価格差がある。

加熱調理が不要で手間いらず

パウチサイズが多く、1人分の料理でも使い切りやすい

手軽なエネルギー補給にも

☑ おすすめの調理法

❶ 炒める

そのままでも食べられますが、加熱すると食べたときのほっくり感がさらにアップ。熱を加えると油で調味料が絡みやすくなり、他の食材に合わせたときもなじみやすくなります。

❷ ご飯に合わせる

炊きたてのご飯に混ぜたり、炊飯時に加えて一緒に炊くと香りもつき、ボリュームもアップします。

☑ こうすれば使いやすい！

❶ 手軽にボリュームアップ

しっかり粒感があるので、サラダや和え物など、ちょっとボリュームアップしたいときに。

❷ 彩りが足りないときに

色合いが単調な料理にミックスビーンズを加えるだけで、一気に華やかになります。

 保存法 1袋50g程度の使い切りパウチサイズが主流。残ったらパウチのまま冷蔵保存。早めに使い切りましょう。

そのままドレッシング和え

調味料と材料を和えるだけ!
粒マスタードをきかせてつまみにも。

材料（作りやすい量）

- ミックスビーンズ … 50g
- A「・粒マスタード、オリーブ油 … 各小さじ1
  └・しょうゆ … 少々

作り方

1 ミックスビーンズをAで和える。

ミックスビーンズご飯

温かいご飯に混ぜるだけで
おしゃれな豆ご飯のでき上がり。

材料（1人分）

- ミックスビーンズ … 50g
- 白飯 … 200g
- A「・トマトケチャップ … 大さじ2
  └・バター … 5g
- 塩、こしょう … 各少々

作り方

1 温かい白飯にAを混ぜ、ミックスビーン
  ズを加えてよく混ぜる。仕上げに塩、こ
  しょうをふる。

みそ炒め

豆と相性のいいみそで炒めた副菜。
加熱すると調味料とよく絡みます。

材料（作りやすい量）

- ミックスビーンズ … 50g
- ごま油 … 小さじ1/2
- A「・水 　大さじ1
  ・みそ、砂糖 … 各小さじ1
  ・にんにくのすりおろし（チューブ）
  └　… 小さじ1/2

作り方

1 フライパン小（20cm）にごま油を入れて
  中火で2分ほど熱し、ミックスビーンズ
  を1分ほど炒める。

2 火から外して混ぜたAを絡め、水分がな
  くなるまで30秒ほど炒める。

冷蔵庫の「役割収納」

しまいやすい＆出しやすい

料理に欠かせない冷蔵庫の管理。冷蔵庫や食材の性質を知り、
"冷やしたいものをちゃんと冷やす"のが基本です。
また、食材の種類や使い勝手など、
「役割」を考慮して収納すると、使いやすくなります。

しょうゆとみそは必ず冷蔵庫へ

水分を含む調味料は、空気に触れると乾燥や酸化がしやすく、風味や香りが落ちます。冷蔵庫なら暗く、温度も安定するので酸化やカビの繁殖を防げます。

ドアポケットは、調味料などを入れる

ドアポケットは振動が大きく開閉時に温度が上がりやすいので、ソースやドレッシングなど、比較的雑に扱っても問題のない調味料類を入れましょう。

POINT

食材の管理で難しい、「どこに何を入れたかわからなくなる」「賞味期限を忘れてしまう」を解消するテクニックを紹介します。

Technic 1

管理のコツは、買うものを頻繁に変えないこと

買うものをある程度固定化し、タイプ別にまとめると、定位置ができて把握しやすいです。

Technic 2

トレーにまとめて入れる

ものをバラバラに入れると冷蔵庫の中で迷子になりがち。小物類はトレーやボックスなどにまとめておくと、取り出しやすさがアップします。

※ひとり暮らし用の冷蔵庫を想定

ものが少ない場合は、あえて空きを作る

急な贈りものや残りもの、スイーツなど、いつもは置いていないものを収納することもあるので、無理につめこまずに。ストックを入れてもいいでしょう。

"目立つ位置"にはよく使う「一軍」を置く

目につきやすく、取り出しやすい場所(通常は二段目)は、作りおきのおかずなど、早めに使い切りたいものやよく使うものを収納します。

卵はできれば"パックのまま"、一段目か二段目へ

ドアポケットは開閉時の振動の影響を受けやすく、温度も上がりやすいので、卵はできれば一段目か二段目へ。むき出しだと菌に触れやすいので、パックのままがベター。納豆など賞味期限を忘れたくないものは手前に置くといいでしょう。

"朝ごはんセット"を用意する

はちみつ、ジャム、ヨーグルトなど、例えば「朝ごはんでほぼ毎日使用する食材」などはトレーにまとめておくと、取り出しやすく時間を効率的に使えます。

肉・魚は、「冷たい」下段へ

冷蔵庫は性質上、「手前より奥」「上段よりは下段」のほうが冷えるので、生ものなどは奥の下段がおすすめです。チーズやキムチなどもここへ。チルド室がある場合は、チルド室へ入れましょう。

野菜は野菜室へ

野菜同士がくっつくと冷えすぎるので、できればペーパータオルで包んで袋に入れ、空気ごと包んで口を閉じる「丸収納」が◎。縦長のものは立てて、重ねないように。

しっかり冷えて、スッキリ！

冷凍庫の「脱気収納」

冷凍庫内の管理で大切なのは「食材の脱気」。
手間はかかりますがひとつずつラップで包んで空気を抜き、
ジッパー式の袋に入れ"薄い板状"にして収納しましょう。

POINT

- 脱気することで鮮度を保ちやすく、冷えやすい＆解凍もしやすい。
- 板状なら立てて見やすく管理でき、開閉時間を短縮（さらに鮮度アップ）。
- 「ものが詰まっていたほうが冷えやすい」のでたっぷり保存して有効活用！

上段には柔らかい食材を

きのこや明太子、チーズなど、凍るまでに潰したくない食材は、上段の浅い引き出しにねかせておきましょう。「凍ったら下段の深い引き出しに立てて置く」でもOKです。

小袋は脱気してクリップどめ

小袋に入った野菜やパン粉などは、開封したら空気を抜き、袋の口を折り込んで丸めてからクリップでとめましょう（P.136参照）。空気を抜くことで長持ちします。

肉や魚は奥の冷えやすい場所へ

肉や魚はラップで密封し、できるだけ平らな板状にします。両方とも傷みやすいので、なるべく奥の冷えやすい場所に収納しましょう。

手前には炭水化物を置く

きのこ類や油揚げ、そしてご飯やパン、うどんといった炭水化物は比較的冷えやすく、温度変化による劣化が少ないので手前に置いても。

乾物は冷凍保存

削り節や桜えび、のりなどの乾物は実は劣化が早いので、冷凍保存して香りやうまみを逃さないように。昆布も湿気が苦手なので冷凍庫へ。

※ひとり暮らし用の冷凍庫を想定

狭いキッチンのトリセツ

使いやすさ
アップ!

ひとり暮らしの狭いキッチンでも、
道具や調味料の置き場所次第で快適に調理することができます。
棚がなければ、壁掛け棚を購入して置き場を増やすと便利です。

**砂糖や粉物は、
調理台から離す**

砂糖は水分を吸ってし
まうので水気のある調
理台には直置きせず、
上の棚に置きましょう。

**よく使う道具は
見えるところに置く**

計量スプーン、トング、菜箸など、よく
使う道具は、効率よく作業するため調理
台の見えるところへ置きます。

**まな板は
シンクに渡す**

まな板を調理台に横置
きできない場合は、シ
ンクの上にまな板を渡
して作業台にします。
このように使用できる
なら、まな板はA4サイ
ズ以上(P.8)がおすすめ。

**油、塩、こしょう
は常温保存で**

上の棚や調理台の下に
手頃なスペースがない
場合、ビンに入った
「油、塩、こしょう」な
ら比較的耐熱性が高い
ので、コンロの近くに
置いても大丈夫です。

**調理台下の空間を
ムダにしない**

ひとり暮らしのキッチン収納には仕切り
がないことも。市販の棚やラックを使っ
て上部の空間をムダにしないよう工夫し、
よく使う道具などをしまいましょう。

**シンクの下に食材
を置かない**

シンクの下は排水管に水やお湯が流れ、
温度・湿度が不安定なため、食材を置く
のに不適切です。調理道具や、ラップ・
アルミホイルなどを置きましょう。

※ひとり暮らし用のキッチンを想定

知って得する！ 基礎調味料の新事実

単なる味つけだけでなく、それ以上の
意味をもつ基礎調味料。それぞれの働きを知れば、
もっと料理が楽しくなります。

【塩】 素材の旨みを引き出す

塩は"味つけのベース"です。上手に使えるようにな
れば料理の腕がぐんと上がります。塩には色々な種類
がありますが、最初の一歩は「精製塩」がおすすめ。
塩化ナトリウムがほぼ100％で、他のミネラルがほとん
ど入っていないため素材の旨みを邪魔しません。もし
塩だけで野菜を炒めるときは、粗塩や岩塩を使うと、
含まれるミネラルの割合で味わいに深みが出ます。

使用・保存の注意点　塩は水分を吸収すると固まるため、湿気の少ないところで保存しましょう。

【砂糖】 素材をしっかり柔らかくする

砂糖は甘みをつけるだけでなく、たんぱく質内の水分
を閉じ込める働きがあり、肉の下処理や卵料理でも大
活躍。火を通したときに硬くなるのを防ぎ、柔らかく
仕上げられます。また、味わいがととのいにくいとき、
甘みを入れると落ち着きます。まずは上白糖だけで十
分ですが、三温糖やきび砂糖®などを使うとコクが出
てより深い味に。煮物などに入れると照りが出て、
食材がよりおいしそうに見えます。

使用・保存の注意点　ビギナーさんにはクセがなく使いやすい上白糖がおすすめ。においや水分を吸収しやすいため密閉容器で保存します。

【しょうゆ】

旨みと香りをプラス

しょうゆは大豆・小麦・塩・麹菌からできていて、様々な種類の旨みで構成されているのが特徴。旨みだけでなくほのかな甘みや15%の塩味もあり、味つけはもとより香りづけにも効果を発揮します。淡口や濃口など種類がありますが、本書では一般的な濃口しょうゆを使用しています。

使用・保存の注意点 開栓前は冷暗所、開栓後は鮮度が落ちやすいので必ず冷蔵保存。1か月くらいで使い切れる容量を購入しましょう。

【みそ】

臭みをとり、旨みを加える

みそは大豆・米・塩・麹菌が原料で、原料が似ているしょうゆに比べると水分が少なく、旨みをより濃く感じます。味つけに少量使うだけでも存在感のある味の強さが特徴。食材の臭みを消す作用もあります。ポピュラーなのが塩分13%の信州みそと仙台みそです。みそは2種以上混ぜて使うと味わいに深みが出ます。

使用・保存の注意点 冷蔵庫で保存する際は乾燥しないように、買ったときに入っている薄い紙のフィルムで表面を保護しましょう。

【酢】

味や食感を際立たせる

酢は米や小麦などさまざまな原料から作られており、原料によって味が異なります。サラダやマリネだけでなく、炒め物や揚げ物にも、仕上げに酢を少量ふりかけることで料理の味わいにキレや深みが増します。

使用・保存の注意点 穀物酢は和・洋・中華のオールマイティーに、米酢は和風料理向きです。

しょうゆ、みりん 1：1 で
味が決まる！

しょうゆ：みりん＝1：1の組み合わせは、
和食に欠かせない万能調味料。
水を合わせて塩分濃度を変えれば、
たいていの和食なら作れるようになります。

しょうゆ：みりん：水	塩分濃度	適した料理
1：1：0	約 7.3%	●しょうが焼き ●きんぴら
1：1：2	約 4.0%	●牛丼の素 ●すき焼きのタレ
1：1：4	約 2.7%	●めんつゆ ●肉じゃが ●筑前煮
1：1：6	約 2.1%	●魚の煮物 ●乾物の煮物
1：1：8	約 1.7%	●炒り鶏 ●根菜類の煮物
1：1：10	約 1.4%	●なべ ●おでん ●炊き込みご飯

3章

調理の
トリセツ

「料理をするにはいろんな調理法を
覚えなくては!」と思うかもしれませんが、
まずは「焼く」「炒める」「煮る」の
3つがレシピ通りにできればOK。
それだけでもいろいろな
おかずが作れますし、
調理法の組み合わせで無限に
レパートリーが広がります。

料理の幅が広がる
調理のトリセツ

調理法は大きく分けて「焼く」「炒める」「煮る」の3種類。
これに1ステップの工程を加えるだけで、
料理の幅がどんどん広がっていきます。

焼く+
炒める
▼
P.098

「焼く」ができたら、次は「(タレで煮て)絡める」に挑戦してみましょう。焼くだけでは出せない、香ばしくて深い味わいに。

焼く
▼
P.092

もっともシンプルな調理法。かんたんにメインおかずができます。焼き加減に注意し、余分な水分と脂を取り除くことが成功のカギ。

煮る
▼
P.110

煮物ができれば、一気に料理上手な印象に。魚はふたをせずに「さっと煮」、大きめの具材はふたをして弱火で「じっくり煮」。

炒める
▼
P.104

炒める+
煮る
▼
P.124

「炒める」ができたら、次は「煮る」を追加してみましょう。水分少なめの調理で肉じゃがが、汁で煮ると豚汁が作れます。

肉と野菜で主菜が作れたり、チャーハンなどの主食も作れます。サイズを食材の火の通りに合わせて揃えるのがコツ。

［ 3章の使い方 ］

この章では、7つの基本の調理法と、食材と味を変えた応用レシピを紹介しています。料理に苦手意識がある方は、まずは基本のレシピから。たとえ食材が変わって工程が少し違っても、基本のレシピができれば大丈夫。どんどん応用レシピに挑戦してみてください。

① まずは基本を押さえる！

「焼く」、「炒める」、「煮る」などの基本の調理法を3〜4ステップで解説。これらのステップはそのあとのページにある応用レシピにもそのまま当てはまります。

1 下ごしらえ

鶏肉は皮と身の間の余分な脂肪をとり、筋を切る。身の方（皮目とは逆）に塩、こしょうをふって15〜20分置き、出てきた水気をペーパータオルで軽く拭き取る。

2 片面を焼く

フライパン小（20cm）にサラダ油を入れて中火にかけ、30秒〜1分加熱する。フライパンが少し温かくなったら（を皮目から入れ、中火で6〜7分焼く。

3 裏面を焼く

焼き色がついたら返して中火のまま3〜4分焼く。出てきた脂はペーパータオルで軽く拭き取る。

● POINT
【脂はとりすぎない】脂をとりすぎるとかえって焦げやすくなるので、とりすぎに気をつけてください。

4 仕上げ

取り出して1〜2分おき、余熱で火を通す。好みで食べやすい大きさに切って盛りつけ。粒マスタード、ミニトマトとベビーリーフを添える。

Advanced Recipe
「焼く」の
応用編

ポークソテー

とんかつ用の豚肉でボリューム満点。ヨーグルト入りのソースでさっぱり食べられる。

材料（1人分）
- とんかつ用豚肉（肩ロースまたはロース）…120g（1枚）
- 塩、こしょう…各少々
- サラダ油、小麦粉…各小さじ1
- マヨネーズ…大さじ1
- ヨーグルト…大さじ1/2
- 玉ねぎ（みじん切り）
- 塩…大さじ1/2（1/10個）
- 塩…小さじ1/8
- にんにく（のすりおろし（チューブ）…少々
- 刻みパセリ、好みの野菜…適宜

※ペーパータオル、トング（またはへら）はすぐに使えるよう準備しておく。

作り方

1 下ごしらえ
豚肉は焼く15分前に冷蔵庫から取り出す。常温に戻す間に（を混ぜてソースを作る。脂身と赤身の間に1cm間隔で切り込みを入れて筋切りをし、塩、こしょうをふり、小麦粉をまぶす。

2 片面を焼く
フライパン小（20cm）にサラダ油を入れて中火にかけ、30秒〜1分ほど加熱する。フライパンが温かくなったら（を入れ、中火で4〜5分焼く。

3 裏面を焼く
しっかりと焼き色がついたらトング、またはへらで裏返し、3分ほど焼く。出てきた脂はペーパータオルで軽く拭き取る。

4 仕上げ
取り出して器に盛り、混ぜた（をかける。パセリを散らし、好みの生野菜を添える。

かじきのソテー

② ポイントで失敗を防止！

失敗を未然に防ぐための注意点とその理由を解説しています。

③ 応用は意外とかんたん！

基本のレシピで作れたら、工程が似ている応用レシピは意外とかんたんにできます。調理法がひとつできるだけで、一気にレパートリーが増えます。

094

焼く

もっともシンプルな調理法のひとつが「焼く」こと。
肉も魚も、おいしく焼くことができれば、
それだけで立派なメインおかずのでき上がりです。

鶏もも肉のソテー

鶏もも肉を丸ごと使ったソテー。中火でジューシーに焼き上げます。

材料（1人分）

- 鶏もも肉 … 1枚（250g）
- 塩 … 小さじ1/4
- こしょう … 少々
- サラダ油 … 小さじ1
- 粒マスタード、ミニトマト、ベビーリーフ … 各適宜

※ペーパータオル、トング（またはへら）はすぐに使えるよう準備しておく。

1｜下ごしらえ

鶏肉は皮と身の間の余分な脂肪をとり、筋を切る。身の方（皮目とは逆）に塩、こしょうをふって15〜20分置き、出てきた水気をペーパータオルで軽く拭き取る。

2｜片面を焼く

6-7 min

フライパン小（20cm）にサラダ油を入れて中火にかけ、30秒〜1分加熱する。フライパンが少し温かくなったら1を皮目から入れ、中火で6〜7分焼く。

3｜裏面を焼く

3-4 min

焼き色がついたら返して中火のまま3〜4分焼く。出てきた脂はペーパータオルで軽く拭き取る。

POINT

【脂はとりすぎない】脂をとりすぎるとかえって焦げやすくなるので、とりすぎに気をつけてください。

4｜仕上げ

1-2 min

取り出して1〜2分おき、余熱で火を通す。好みで食べやすい大きさに切って盛りつけ、粒マスタード、ミニトマトとベビーリーフを添える。

材料（1人分）

- とんかつ用豚肉
  （肩ロースまたはロース）
  …120g（1枚）
- 塩、こしょう … 各少々
- サラダ油、小麦粉
  … 各小さじ1

A
- マヨネーズ … 大さじ1
- ヨーグルト … 大さじ1/2
- 玉ねぎ（みじん切り）
  … 大さじ1/2（1/10個）
- 塩 … 小さじ1/8
- にんにくのすりおろし
  （チューブ）… 少々

- 刻みパセリ、好みの野菜
  … 各適宜

※ペーパータオル、トング（または
へら）はすぐに使えるよう準備し
ておく。

作り方

1 | 下ごしらえ

豚肉は焼く15分前に冷蔵庫から取り出
す。常温に戻す間にAを混ぜてソースを
作る。脂身と赤身の間に1cm間隔で切り
込みを入れて筋切りをし、塩、こしょう
をふり、小麦粉をまぶす。

2 | 片面を焼く

フライパン小（20cm）にサラダ油を入れ
て中火にかけ、30秒〜1分ほど加熱し、
フライパンが温かくなったら1を入れ、
中火で4〜5分焼く。

3 | 裏面を焼く

しっかりと焼き色がついたらトング、ま
たはへらで裏返し、3分ほど焼く。出て
きた脂はペーパータオルで軽く拭き取る。

4 | 仕上げ

取り出して器に盛り、混ぜたAをかける。
パセリを散らし、好みの生野菜を添える。

ポークソテー

とんかつ用の豚肉でボリューム満点。
ヨーグルト入りのソースでさっぱり食べられます。

かじきのソテー

肉厚のかじきはお肉と同じくらい食べ応えがあります。

塩、こしょうで調味はシンプルに。

材料（1人分）

- かじき … 120g（1切れ）
- 塩、粗びき黒こしょう
  … 各小さじ1/4
- サラダ油 … 小さじ2
- レモン、好みの生野菜
  … 各適宜

※ペーパータオル、トング（またはへら）はすぐに使えるよう準備しておく。

作り方

1 | 下ごしらえ

かじきは、塩、粗びき黒こしょうをふり、常温に10分ほどおく。出てきた水気をペーパータオルで軽く拭き取る。

2 | 片面を焼く

フライパン小（20cm）にサラダ油を入れて中火にかけ、30秒〜1分加熱し、温かくなったら1を入れ、4〜5分焼く。

3 | 裏面を焼く

しっかりと焼き色がついたら、トング、またはへらで裏返して2〜3分焼く。出てきた水分や脂はペーパータオルで軽く拭き取る。

4 | 仕上げ

器に盛って好みの生野菜を添え、好みでレモンを搾りながらいただく。

手羽先焼きスパイス絡め

香ばしく焼いた手羽先に、カレー粉や青のりを絡めます。青のりの風味がアクセントのつまみにも向く一品です。

材料

- 鶏手羽先 … 3本
- じゃがいも … 100g（1/2個）
- A
  - 塩 … 1/3
  - カレー粉 … 小さじ1/4
  - 砂糖 … 小さじ1
  - 青のり … 小さじ1/2
  - こしょう … 少々
- サラダ油 … 大さじ2

※ペーパータオル、トング(またはへら)はすぐに使えるよう準備しておく。

作り方

1 | 下ごしらえ

手羽先はペーパータオルで水気を拭き取り、骨に沿ってキッチンバサミで切り込みを入れる。じゃがいもは皮をむかずに4等分のくし形切りにして、さらに半分に切る［ a ］。

2 | 片面を焼く

フライパン小（20㎝）にサラダ油を入れて中火にかけ、30秒〜1分加熱し、少し温かくなったら1を入れ、7〜8分焼く。

3 | 裏面を焼く

しっかりと焼き色がついたらトングで上下を返し［ b ］、全体に焼き色がしっかりとつくまで5分ほど焼く。Aを混ぜておく。

4 | 仕上げ

鶏肉とじゃがいもの色がきつね色になり、カリッとしたら、油をきってボウルに移し、混ぜたAをふり絡める。

焼く＋絡める

素材をしっかりと焼いたあとに、調味料を加えて煮ます。
低温でじっくり焼いて素材の旨みを引き出します。

ぶりの照り焼き

ご飯に合う鉄板おかず。
小麦粉をまぶしてから
焼くことで香ばしく、
調味料も絡みやすくなります。

材料（1人分）

- ぶり … 100〜120g（1切れ）
- 小麦粉、サラダ油 … 各小さじ2
- A
  - 水 … 大さじ2
  - 砂糖 … 大さじ1
  - しょうゆ … 小さじ2
- 大根おろし … 適宜
- 青しそ … 1枚

※ペーパータオル、へら、菜箸、スプーンはすぐ
に使えるよう準備しておく。

1 下ごしらえ

ぶりの水分をペーパータオルで拭き取り、バットに並べて常温に10分ほどおく。次にAを混ぜる。ぶりに小麦粉をふってはたく。

POINT

【ぶりは脂や水分を拭く】調理前にペーパータオルで軽く押さえ、余分な脂や水分を拭き取ることで、ぶりの魚臭さがとれます。

2 片面を焼く

フライパン小（20cm）にサラダ油を入れて中火にかけ、30秒加熱し、少し温かくなったら表になるほうを下にしてぶりを入れ、3〜4分焼く。皮目の部分も1分ほど焼く。

POINT

【皮目け立てて焼く】皮目を焼く際はへらと菜箸で支えながらぶりを立て、皮目を下に。この状態で1分ほど焼きます。

3 上下を返す

焼き色がついたら上下を返して、余分な脂をペーパータオルで拭き取り、火を止めAを回し入れる。

POINT

【裏面はさっと焼けばOK】最後に軽く煮るので、片面がしっかり焼けていたら、裏は十分に焼かなくてもOK。

4 煮る

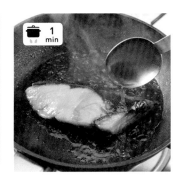

再び中火にかけ、煮立ったら煮汁を絡めながら1分ほど煮る。器に盛り、大根おろしと青しそを添える。

POINT

【煮汁をぶりにかける】ぶりにしっかり味がしみるよう、色づくまでスプーンで煮汁をかけます。

鶏肉の照り焼き

大きめに切った鶏肉とピーマンでしっかりとした食べ応え。
ピーマンは少し種が残っていても気にせず食べられます。

材料（1人分）

- 鶏もも肉 … 250g（1枚）
- 小麦粉 … 大さじ1
- ピーマン … 1個
- A
  - みりん … 大さじ2
  - しょうゆ … 大さじ1と1/2
- サラダ油 … 小さじ2

※ペーパータオルと菜箸、へらはすぐに使えるよう準備しておく。

作り方

1｜下ごしらえ

鶏肉は冷蔵庫から出して15〜20分おき、余分な脂をとって筋を切り、4等分に切る。小麦粉をまぶして余分な粉をはたく。ピーマンは縦半分に割り、中の種をざっととる。

2｜片面を焼く

フライパン小（20cm）にサラダ油を入れて中火にかけ、30秒ほど熱し、少し温かくなったら、皮目を下にして鶏肉を入れ、ピーマンを加える。へらで押さえながら中火で5分ほどしっかりと焼きつけ、余分な脂が出てきたらペーパータオルで拭き取る。ピーマンは焼き色がしっかりついたら先に取り出し、器に盛る。

3｜上下を返す

出てきた脂をペーパータオルで軽く拭き取り、鶏肉の上下を返してAを注ぐ。

4｜煮る

2〜3分かけて色づくまで煮絡め、ピーマンとともに器に盛る。

鮭のムニエル レモンバターソース

レストランのメニューもお家でかんたんに作れます。レモンの香りと酸味のきいたソースでさっぱりと。

材料（1人分）

- 生鮭（切り身）
  … 120ｇ（1切れ）
- A
  - 塩 … 小さじ1/4
  - こしょう … 少々
- 小麦粉 … 大さじ1
- サラダ油 … 小さじ2
- B
  - バター … 10ｇ
  - 刻みパセリ
    … 小さじ2
  - レモン汁
    … 大さじ1
- ベビーリーフ … 適宜

※ペーパータオルと菜箸、へら、スプーンはすぐに使えるよう準備しておく。

作り方

1｜下ごしらえ

鮭はバットに入れてAをふり、10分室温におく。鮭から水分が出てくるのでペーパータオルで拭き、小麦粉をまぶして余分な粉をはたく。

2｜片面を焼く

フライパン小（20cm）にサラダ油を入れて中火にかけ、30秒ほど熱し、少し温かくなったら、皮のついている表面を下にして鮭を入れる。こんがりと焼き色がつくまで4〜5分焼く。へらと菜箸で支えながら鮭を立て、皮目の部分も1〜2分焼く。

3｜上下を返す

鮭の上下を返して火を止め、出てきた脂をペーパータオルで軽く拭き取る。

4｜煮る

再び中火にかけ、Bを順に加え、スプーンで煮汁を1分ほど魚にかける。焼いた鮭を器に盛ってフライパンに残ったソースをかけ、ベビーリーフを添える。

煮込みハンバーグ

焼き加減が難しいハンバーグも煮込みなら生焼けの心配がありません。肉だねを作る作業は指先でスピーディーに。おもてなしにもぴったりです。

材料（1人分）

- A
  - 合いびき肉 … 150g
  - 玉ねぎ … 100g（1/2個）
  - 小麦粉 … 大さじ1
  - 塩 … 小さじ1/4
  - こしょう … 少々
- しめじ … 50g（1/2パック）
- サラダ油 … 大さじ1/2
- B
  - 水 … 1/3カップ
  - トマトケチャップ … 大さじ2
  - 中濃ソース … 大さじ1
- 刻みパセリ … 適宜

※合いびき肉は冷蔵庫でよく冷やしておく。
※へら、フライパンのふたはすぐに使えるよう準備しておく。

作り方

1｜下ごしらえ

Aの玉ねぎをみじん切りにする。ボウルにAを入れて指先でざくざくと手早く混ぜ［a］、材料がある程度混ざったら体温を伝えないようにさらに指先でぐるぐると1分ほど混ぜる。なめらかになってきたら、手に油（分量外）を塗り、肉だねを手のひらで20回ほど打ちつけながら［b］、空気を抜いて平らな楕円形にする。

2｜片面を焼く

フライパン小（20cm）にサラダ油を入れて中火で30秒ほど加熱し、肉だねをのせて、中央を押してへこませる。そのまま中火で5分ほど焼き色がつくまで焼く。Bを混ぜておく。

3｜上下を返す

肉だねを返し、周りにしめじを加え1〜2分焼く。

4｜煮る

Bを注いで煮立ったら、ふたをして弱火にし、7〜8分煮込む。

炒める

炒め物のポイントは、材料を広げてしっかり焼きつけること。
素材に十分に熱が伝わり、水っぽくならず短時間で火が通ります。

ごぼうとにんじんのきんぴら

根菜を使ったきんぴらは
しょうゆ味でご飯にぴったり。
最初に焼きつけることで
香りと歯ごたえがよくなります。

材料（多めの1人分）

- ごぼう … 100g（小1本）
- にんじん … 50g（1/3本）
- ごま油 … 小さじ2
- ［A］みりん … 大さじ2
- ［A］しょうゆ … 小さじ2
- 七味唐辛子 … 適宜

※ペーパータオルと菜箸はすぐに使えるように準備しておく。

1 下ごしらえ

ごぼうは水で洗って泥を落とし、目立つ汚れはスプーンなどで皮をこそげとる。5mm幅の斜め薄切りにし、さらに5mm幅の細切りにして、水に5分さらしてアク抜きをする。にんじんはピーラーで皮をむき、同様に切る。

◈ POINT

【同じくらいの大きさに切る】材料を同じくらいの大きさや長さに揃えることで、火の通りが均一になります。

2 焼きつける

フライパン大（26cm）にごま油を入れて中火で2分ほど熱し、ペーパータオルで水気を拭いた1を広げ入れ、2分ほど焼きつける。

◈ POINT

【最初の2分は触らない！】素材をフライパンに入れたら、まずは全体に広げ2分間は触らないこと。そうすると素材に熱がたまり、返したあとに早く火が通るので水っぽくなりません。

3 返して炒める

菜箸で上下を返しながら2分ほど炒め、ごぼうが透き通っているのを確認する。

4 調味＆炒める

中央をあけてAを入れ、ふつふつしたら中火のまま、水分が少なくなるまで1分ほど炒める。器に盛り、仕上げに七味唐辛子をふる。

◈ POINT

【調味液は中央に注ぐ】中央に入れて少し煮立て、水分を飛ばしながら混ぜ合わせると、素材とよく絡みます。

なすとピーマンのみそ炒め

みそと相性のいいなすとピーマンの炒め物。同じくらいの大きさに切って火が通る時間を合わせます。

材料（多めの1人分）

- なす … 160g（2本）
- ピーマン … 60g（2個）
- サラダ油 … 大さじ1
- A
  - 水 … 大さじ2
  - みそ … 大さじ1と1/2
  - 砂糖 … 大さじ1

※へらはすぐに使えるよう準備しておく。

作り方

1 | 下ごしらえ

なすはヘタをとり、ピーラーで縦に数か所皮をむく。縦半分に切り、斜めに2〜3cm幅に切る。ピーマンは縦半分に切って種をとり、斜めに2cm幅に切る。

2 | 焼きつける

フライパン大（26cm）にサラダ油を入れて中火で2分ほど熱し、1を広げ入れて3分ほど焼く。

3 | 返して炒める

へらで上下を返すようにして3分ほど炒める。

4 | 調味＆炒める

なすがしんなりしてきたら中央をあけ、混ぜ合わせたAを入れる。ふつふつしたら、中火のまま水分が少なくなるまで1〜2分さっと炒める。

材料（多めの1人分）

- 豚薄切り肉（肩ロース）
  … 100g
- A ┌ しょうゆ、ごま油
    │ … 各小さじ1/2
    └ 片栗粉 … 小さじ1
- ピーマン … 80g（2～3個）
- 生しいたけ … 2枚
- 玉ねぎ … 50g（1/4個）
- サラダ油 … 大さじ1/2
- B ┌ オイスターソース、水
    │ … 各小さじ2
    └ しょうゆ … 小さじ1/2

※へら、ペーパータオルはすぐに使
　えるよう準備しておく。

作り方

1｜下ごしらえ

豚肉は6～7cm長さに切り、Aを揉み込む。ピーマンは縦半分に切って種をとり、斜めに1cm幅に切る。しいたけは軸をとって5mm幅の薄切りにする。玉ねぎは5mm幅の薄切りにする。

2｜焼きつける

フライパン大（26cm）にサラダ油を入れて中火で2分ほど熱し、豚肉、野菜を順に広げ入れて2分ほど焼く。

3｜返して炒める

へらで上下を返すようにして、野菜がしんなりするまで1～2分炒める。

4｜調味＆炒める

中央をあけ、混ぜ合わせたBを入れる。ふつふつしたら、中火のまま水分が少なくなるまで1～2分さっと炒める。

豚薄切り肉の チンジャオロース―風

合わせ調味料のオイスターソースは中華風おかずに
大活躍。一気に手が込んだ味に仕上がります。

しめじとトマトの卵炒め

焼いたトマトは旨みや甘みが増し、ベーコンからもいい旨みが出ます。辛味をきかせてピリッと仕上げましょう。

材料（多めの1人分）

- ベーコン … 3枚（60g）
- しめじ … 50g（1/2パック）
- トマト … 100g（小1個）
- 卵 … 2個
- サラダ油 … 大さじ1

A
- トマトケチャップ … 大さじ1
- 塩 … 少々
- タバスコ（またはラー油）… 10滴

※へらはすぐに使えるよう準備しておく。

作り方

1 | 下ごしらえ

ベーコンは4cm幅に切る。しめじは小房に分ける。トマトはヘタをとり、6～8等分のくし形切りにする。卵はボウルに割り入れ白身を切るように30～40回菜箸で溶きほぐす。

2 | 焼きつける

フライパン大（26cm）にサラダ油大さじ1/2を入れて中火で2分ほど熱し、ベーコン、しめじ、トマトの順に広げ入れて2分ほど焼く。

3 | 返して炒める

へらで上下を返すように1分ほど炒めたら、火から外してバットに移す。合間にAを混ぜる。

4 | 調味&炒める

フライパンにサラダ油大さじ1/2を入れて再び中火で熱し、1の卵を加え、へらで大きく円を描くように3～4回手早く混ぜる。炒り卵になったら3を戻し入れて全体をさっと混ぜ、Aを入れて炒める。

むきえびとアスパラの卵炒め

プリプリのえびとシャキシャキのアスパラを卵でふんわりまとめます。甘じょっぱい味つけにご飯がすすみます。

材料（多めの1人分）

- むきえび … 100g
- アスパラガス … 80～100g（4～5本）
- 卵 … 2個

A
- 塩 … 少々
- 砂糖 … 小さじ1/2

- サラダ油 … 大さじ1

B
- しょうゆ、砂糖 … 各小さじ1

- 粗びき黒こしょう … 少々

※へらはすぐに使えるよう準備しておく。

作り方

1 | 下ごしらえ

アスパラは根の硬い部分をピーラーでむき、5cmの長さに切る。卵はボウルに割り入れ、白身をしっかりと切るように30～40回菜箸で溶き、Aを加えて混ぜる。

2 | 焼きつける

フライパン大（26cm）にサラダ油大さじ1/2を入れて中火で2分ほど熱し、むきえびとアスパラを広げ入れて2分ほど焼く。

3 | 返して炒める

へらで上下を返すように1分ほど炒めたら、火から外してバットに移す。合間にBを混ぜる。

4 | 調味して炒める

フライパンにサラダ油大さじ1/2を入れて再び中火で熱し、1の卵を加え、へらで大きく円を描くように3～4回手早く混ぜる。炒り卵になったら3を戻し入れ、Bを入れてさっと炒め、粗びき黒こしょうをふる。

焼き豚と卵のチャーハン

パラパラに仕上げるコツは、ご飯に卵を絡めておくこと。
焼き豚は大きめに切って食べ応えアップ。

材料（多めの1人分）

- 冷ましたご飯
  … 200～250g
- 卵 … 1個
- 塩 … 少々
- 焼き豚 … 50g
- 長ねぎ … 50g（1/2本）
- サラダ油 … 小さじ2
- A｜ オイスターソース、
  しょうゆ … 各小さじ1
  こしょう … 多め

※へらはすぐに使えるよう準備しておく。

作り方

1｜下ごしらえ

焼き豚は1cm角に切る。長ねぎは薄い小口切りにする。大きめのボウルに卵を割り入れ、白身がなじむくらいまで溶きほぐし、ご飯を加えてへらで切るように混ぜ合わせる。ご飯全体に卵が絡み、色が均一になったら塩少々を加えてさっと混ぜる。

2｜焼きつける

フライパン大（26cm）にサラダ油を入れて中火で2分ほど熱し、焼き豚と長ねぎを1～2分かけてしんなりするまで炒める。中央をあけてご飯を広げ入れ、2分ほど焼く。

3｜返して炒める

1分炒め、1分焼く、を3～4回繰り返し、パラパラに仕上げる。

4｜調味&炒める

Aを回し入れて強めの中火にし、水分を飛ばすように炒め合わせる。

ひき肉とねぎのチャーハン

ひき肉を使うとそれだけでコクがアップ。カレー風味で、みんなが好きな味わいです。

材料（多めの1人分）

- 冷ましたご飯
  … 200〜250g
- 豚ひき肉 … 100g
- 卵 … 1個
- サラダ油 … 小さじ2
- カレー粉 … 小さじ1
- 塩 … 小さじ1/3
- 万能ねぎ … 15g（3本分）
- 塩、こしょう … 各適宜

※へらとペーパータオルはすぐに使えるよう準備しておく。

作り方

1｜下ごしらえ

万能ねぎは小口切りにする。大きめのボウルに卵を割り入れ、白身がなじむくらいまで溶きほぐし、ご飯を加えてへらで切るように混ぜ合わせる。ご飯全体に卵が絡み、色が均一になったら塩少々を加えてさっと混ぜる。

2｜焼きつける

フライパン大（26cm）にサラダ油を入れて中火で2分ほど熱し、ひき肉を広げてポロポロになるまで1分ほど炒め、余分な脂をペーパータオルで拭き取る。カレー粉を加えてさっと炒め、ご飯を広げて2分ほど焼く。

3｜返して炒める

1分炒め、1分焼く、を3〜4回繰り返し、パラパラに仕上げる。

4｜調味＆炒める

塩と万能ねぎを加えて強めの中火にし、炒め合わせる。塩、こしょうで味をととのえる。

煮る

ベーシックな煮物は、ふたをせずに"さっと煮"がポイント。
火加減は中火のまま、一定にして水分を飛ばします。

肉豆腐

煮汁をかけながら煮ると豆腐にしみていい色に。1人分より2人分以上の量で作るほうがおいしくなります。

材料（作りやすい量）

- 牛薄切り肉 … 150g
- [A] ● しょうゆ … 大さじ1と1/2
- ● 砂糖 … 大さじ1
- 木綿豆腐 … 300g（1丁）
- 長ねぎ … 50g（1/2本）
- [B] ● 水 … 1/2カップ
- ● みりん … 大さじ2
- 七味唐辛子（好みで）… 適宜

※スプーンはすぐに使えるよう準備しておく。

1 下ごしらえ

豆腐は4等分に切る。長ねぎは1cm幅の斜め切りにする。ボウルに牛肉を入れ、 A を加えて絡める。

◈ POINT

【材料は火の通りによって調理】肉、豆腐、野菜のように火通りが異なる材料を合わせるときは、大きさ、鍋に入れるタイミングを変えて調整します。

2 鍋に入れる

鍋（20cm）に長ねぎと豆腐を並べ、牛肉を加える。 B を注いで中火にかける。

◈ POINT

【中火を保つ】最初に中火にかけたら、火力は変えません。中火で水分を飛ばしながら煮ることで煮汁が煮詰まり、味のなじみがよくなります。

3 煮る

8 min

煮立ったら豆腐が色づくように、時々スプーンで煮汁をかけながら8分ほど煮る。器に盛り、好みで七味唐辛子をふる。

◈ POINT

【ふたはしない】煮汁を80度程度に保つために、煮る間はふたをしません。肉が柔らかく仕上がり、煮汁も詰まってちょうどいい味わいになります。

かれいの煮つけ

煮魚は特に2人分で作ると◎。煮汁にみりんを加えると、煮立っても温度が上がりすぎず、身がふっくら仕上がります

材料（作りやすい量）

- かれい … 2切れ（約250g）
- しょうが … 10g（1かけ）
- 万能ねぎ … 30g（1/3束）
- A
  - 水 … 1/2カップ
  - みりん、しょうゆ、砂糖 … 各大さじ2

※濡らしたペーパータオルとスプーンはすぐに使えるよう準備しておく。

作り方

1｜下ごしらえ

かれいは片面に一文字に切れ目を入れる。しょうがはスプーンで皮をこそげとり、薄切りにする。万能ねぎは6cmの長さに切る。

2｜鍋に入れる

フライパン小（20cm）にAを入れて中火にかけ、煮立ったらかれいとしょうがを入れる。

3｜煮る

濡らしたペーパータオルをかぶせ、スプーンで煮汁をかけながら中火のまま7〜8分煮る。ペーパータオルを外して万能ねぎを加え、さっと煮て火を止める。

豚バラと白菜のキムチ鍋

鍋の素を使わなくてもキムチ鍋がかんたんにできます。白菜の芯と葉で煮る時間を調整すると、それぞれの食感を楽しめる硬さに仕上がります。

材料（作りやすい量）

- 豚バラ薄切り肉 … 150g
- 白菜 … 200g（1/8株）
- キムチ … 80g
- A
  - 水 … 1と1/2カップ
  - みそ … 大さじ1
  - にんにくのすりおろし
    （チューブ）
    … 大さじ1（15g）
  - しょうゆ … 小さじ2

※菜箸（またはへら）はすぐに使える
　よう準備しておく。

作り方

1 下ごしらえ

豚バラ肉は7〜8cmの長さに切る。白菜は芯と葉に分けて、芯は3×6cm程度のざく切りに、葉は適当な大きさにちぎる。

2 鍋に入れる

鍋（20cm）にAを入れて中火にかけ、煮立ったら肉を加える。

3 煮る

肉の色が半分変わったら白菜の芯とキムチを加えて上下を返しながら3〜4分煮る。最後に白菜の葉を加えて1分ほど煮て火を止める。

青菜とじゃこの煮びたし

たっぷりの小松菜を使った定番の煮物。じゃこは最後に加えて旨みをプラス。

材料（作りやすい量）

- 小松菜 … 150 g（5〜6株）
- ちりめんじゃこ
  … 大さじ2（10 g）
- A
  - 水 … 1カップ
  - みりん … 大さじ2
  - しょうゆ
    … 大さじ1と1/2

※菜箸はすぐに使えるよう準備しておく。

作り方

1 | 下ごしらえ

小松菜は根元を落とし、7 cmの長さに切る。

2 | 鍋に入れる

鍋（20cm）にAを入れて中火で煮立たせ、1を加える。

3 | 煮る

2〜3分煮て菜箸で上下を返し、じゃこを加え、30秒ほどしたら火を止めて器に盛る。

アスパラとちくわの煮びたし

味がひたひたにしみたちくわは、旨みのもと。アスパラの食感もいいアクセントに。

材料（作りやすい量）

- アスパラ
  … 80〜100 g（4〜5本）
- ちくわ … 2本
- A
  - 水 … 3/4カップ
  - みりん … 大さじ1と1/2
  - しょうゆ … 小さじ1
  - 塩 … 小さじ1/4
- 削り節 … ひとつまみ

※菜箸はすぐに使えるよう準備しておく。

作り方

1 | 下ごしらえ

アスパラはピーラーで根本の硬い部分をむき、長さを3等分に切る。ちくわは斜めに2 cm幅に切る。

2 | 鍋に入れる

鍋（20cm）にAを入れて中火で煮立たせ、1を加える。

3 | 煮る

4〜5分煮て菜箸で上下を返し、器に盛って削り節をのせる。

じっくり煮る

大きめの野菜や肉を煮込んだり、具材に味を十分に
しみこませたいときは、ふたを活用して蒸し煮にします。
弱火で煮込んだあとは余熱で調理するのがうまくいく秘訣です。

かぼちゃの煮物

ごろっと大きなカボチャは
ところどころ皮をむいて
火通りをよくします。
シンプルでかんたんな
おふくろの味。

材料（2人分）

かぼちゃ … 250g（1/4個）

A
- 水 … 1/2カップ
- 砂糖 … 大さじ2
- しょうゆ … 大さじ1

※濡らしたペーパータオルと鍋のふたは
すぐに使えるよう準備しておく。

1 下ごしらえ

かぼちゃの種とわたをスプーンでこそげとり、4〜5cm角に切る。皮をところどころ包丁でむく。

⊗ POINT

【大きめに切る】煮る時間が長いので、煮崩れないように大きめに切ります。

2 鍋に入れる

鍋（20cm）に A を入れて中火にかけ、煮立ったらかぼちゃの皮目を下にして入れる。

3 じっくり煮る

15-20 min

再び煮立ったら濡らしたペーパータオルをかぶせ、ふたをして弱火で10〜12分じっくりと煮る。

⊗ POINT

【落としぶたをする】濡らしたペーパータオルをかぶせることで落としぶたになります。調味料をいき渡らせ効率的に蒸し煮にします。

4 余熱で蒸らす

10 min

火を止めて余熱で10分蒸らす。

⊗ POINT

【余熱で低温調理】最後は余熱で調理することで火の通りすぎを防ぎます。また、鍋の中の温度が下がることによって煮崩れせず、味もしっかりしみこみます。

ひじきの煮もの

常備菜にもなる定番おかず。
具材を一気に投入すればいいのでかんたん！

材料（作りやすい量）

- 芽ひじき（乾燥）…
  15g（戻して100g程度）
- ミックスビーンズ … 50g
- にんじん … 50g（1/3本）
- A
  - 水 … 1/2カップ
  - しょうゆ
    … 大さじ1と1/2
  - 砂糖、みりん
    … 各大さじ1
  - ごま油 … 小さじ1

※へらと濡らしたペーパータオル、
　鍋のふたはすぐに使えるよう準
　備しておく。

作り方

1｜下ごしらえ

ひじきはさっと洗い、たっぷりの水に10
分つけて戻し、ざるにあげる。にんじん
はピーラーで皮をむき、3mm幅のいちょ
う切りにする。

2｜鍋に入れる

小鍋（16cm）にAを入れて火にかけ、煮
立ったら1とミックスビーンズを入れて
へらで上下を返す。

3｜じっくり煮る

再度煮立ったら濡らしたペーパータオル
をかぶせ、ふたをして水分が少なくなる
まで弱火で15分ほど煮る。

3｜余熱で蒸らす

火を止めて、余熱で10分蒸らす。

大根と鶏肉の塩煮

鶏肉と大根を煮込んだヘルシーな和のおかず。大根は皮をむくと短時間で味がしみ込みます。

材料（作りやすい量）

- 鶏もも肉 … 1枚（250g）
- A
  - しょうゆ … 小さじ2
  - 片栗粉 … 小さじ1
- 大根 … 300g（1/3本）
- B
  - 水 … 1カップ
  - 塩 … 小さじ1/2
  - みりん … 大さじ1
- ごま油 … 小さじ1/2
- 水菜、からし（好みで） … 各適宜

※濡らしたペーパータオルと鍋のふたはすぐに使えるよう準備しておく。

作り方

1 下ごしらえ

鶏肉は余分な脂などをとって6等分に切り、Aを上から順に絡める。大根は皮をむき、2cm幅の半月切りにする。

2 鍋に入れる

鍋（20cm）に大根とBを入れて中火にかけ、煮立ったら鶏肉を加える。

3 じっくり煮る

再び煮立ったら濡らしたペーパータオルをかぶせ、ふたをして12分ほど弱火で煮る。

3 余熱で蒸らす

火を止めて仕上げにごま油をふり、再びふたをして余熱で10分蒸らす。器に盛って水菜を添え、好みでからしをつけて食べる。

ソーセージと
じゃがいも・
キャベツの
オイル蒸し煮

油を加えて蒸すことで、野菜の甘みと
肉の旨みを引き出します。
キャベツは芯のほうから包丁を入れると
葉がバラバラになりません。

材料（多めの1人分）
- キャベツ … 250g（約1/4個）
- じゃがいも … 160g（中サイズ1個）
- ソーセージ … 5〜6本
- A
  - 水 … 1/3カップ
  - オリーブオイル … 大さじ2
  - 塩 … 小さじ1/2
- レモン（くし形切り）… 1/4個分

※鍋のふたはすぐに使えるよう準備しておく。

作り方

1 | 下ごしらえ
キャベツは芯のほうから包丁を入れ、半分のくし
形切りにする。じゃがいもは皮をよく洗い、皮付
きのまま1cm幅の輪切りにする [a]。Aを混ぜる。

2 | 鍋に入れる
鍋（20cm）に1とソーセージを並べ、Aを回しか
ける [b]。ふたをして中火にかける。

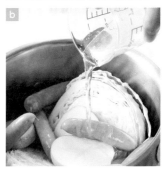

3 | じっくり煮る
煮立ったら弱火にして、15分ほど蒸し煮にする。

4 | 余熱で蒸らす
火を止めて、余熱で10分蒸らす。器に盛り、レモ
ンを添える。

炒める＋煮る

煮る前に油で炒めることで素材の旨みを引き出し、
かつ煮くずれも防ぎます。ふたをずらしたり閉じたりすることで
食材の火通りと煮汁の旨みが変わります。

肉じゃが

定番の家庭料理の肉じゃがは、
火通りのよくない素材から
時間差で入れていくと
見た目も味もよくなります。

材料（作りやすい量）

- 牛薄切り肉（または豚バラ薄切り肉）… 100g
- A
  - 砂糖 … 小さじ2
  - しょうゆ … 小さじ1
- じゃがいも … 正味350g（2〜3個）
- 玉ねぎ … 100g（1/2個）
- にんじん … 50g（1/3本）
- サラダ油 … 大さじ1
- B
  - 水 … 1カップ
  - みりん、しょうゆ、砂糖 … 各大さじ2

※菜箸、濡らしたペーパータオルと鍋のふたはすぐに使える
よう準備しておく。

1 下ごしらえ

牛肉は7cm長さに切り、Aを絡める。じゃがいもは皮をむき、3～4等分に切って5分水にさらす。玉ねぎは6等分のくし形切りにする。にんじんは皮をむいて1cm幅の半月切りにする。合間にAを混ぜる。

⊗ POINT

【じゃがいもは水にさらす】表面にでんぷんがついているため、そのまま煮ると煮汁にとろみが出て火通りが悪くなったり、味が入りにくくなります。

2 炒める

1-2 min

鍋（20cm）にサラダ油を入れて中火で2分ほど熱し、水気を拭いたじゃがいもとにんじんを入れて2分ほど炒める。玉ねぎを加えて1～2分炒め、全体に油が回ってツヤが出たら牛肉を広げて加え、さらに1～2分炒める。

⊗ POINT

【しっかり炒めて煮崩れ防止】先に油でしっかり炒めて素材の旨みを引き出し、煮崩れを防ぎます。

3 煮る

牛肉の色が変わってきたら、水を注いで強火で煮立て、アクを取り除いてBを加える。

⊗ POINT

【アクは集めてとる】アクは1か所に集めてからとると、効率的かつ水分をとりすぎることがありません。

再び煮立ったら濡らしたペーパータオルを具材にかぶせてから、ふたをずらしてかぶせ弱火で15分ほど煮る。火を止め、ふたをして余熱で10分蒸らす。

15 min

⊗ POINT

【落としぶたとふたを使う】濡らしたペーパータオルで落としぶたをすることでアクを取りながら全体に調味料をいき渡らせます。同時にふたをずらしてのせ、鍋の中の温度が上がりすぎないようにします。

「炒める＋
煮る」の
応用編

筑前煮

鶏肉は小麦粉をまぶして、よりジューシーに。
ふたはずらして、煮汁をじっくりと煮詰めましょう。

材料（作りやすい量）

- 鶏もも肉 … 250g（1枚）
- 小麦粉 … 大さじ1
- 生しいたけ … 3枚
- こんにゃく
  … 150g（1/2枚）
- ごぼう … 80g（1/2本）
- にんじん … 80g（1/2本）
- ごま油 … 大さじ1
- 水 … 1カップ
- A ┌ しょうゆ … 大さじ3
    └ 砂糖 … 大さじ2

※へら、濡らしたペーパータオルと
　鍋のふたはすぐに使えるよう準備
　しておく。

作り方

1 下ごしらえ

鶏肉は皮と身の間の余分な脂肪を取り除いて8
等分に切る。生しいたけは石づきを落とし、縦
半分にさく。ごぼうは洗って泥を落とし、目立
つ汚れはスプーンなどでこそげ、6cm長さの乱
切りにし、5分水にさらす。にんじんはピーラ
ーで皮をむいて一口大の乱切りにする。こんに
ゃくは一口大にちぎり、熱湯で2分ゆで、ざる
にあげる。

2 炒める

フライパン大（26cm）にごま油（大さじ1/2）
を入れて中火で熱し、小麦粉をまぶした鶏肉を
入れて焼く。2〜3分で返して2分ほど焼き、
一度取り出す。同じフライパンにごま油（大さ
じ1/2）を入れてごぼう、にんじんを加えて2
分炒め、こんにゃくを加え、2〜3分炒める。

3 煮る

生しいたけと2の鶏肉を加えて水を注いで煮立
て、アクをとり、Aを加える。煮立ったら濡ら
したペーパータオルをかぶせ、弱火にして、ふ
たをずらしてかぶせ、20分ほど煮る。火を止め、
ふたをして余熱で10分蒸らす。

かんたんストロガノフ

自宅にある調味料でできるお手軽ビーフストロガノフ。煮るときはふたをしないで煮汁を濃厚にします。

材料（作りやすい量）

- 牛薄切り肉 … 150g
- A
  - 塩 … 小さじ1/4
  - こしょう … 少々
  - 小麦粉 … 大さじ1
- 玉ねぎ … 100g（1/2個）
- マッシュルーム缶（スライス）… 50g
- サラダ油 … 大さじ1
- 水 … 2/3カップ
- B
  - トマトケチャップ、中濃ソース … 各大さじ3
- 牛乳 … 1/2カップ
- ご飯、刻みパセリ … 各適宜

※へら、鍋のふたはすぐに使えるよう準備しておく。

作り方

1｜下ごしらえ

牛肉は長さを半分に切り、Aを順にまぶす。玉ねぎは8mm幅の薄切りにする。

2｜炒める

フライパン小（20cm）にサラダ油を入れて中火で2分ほど熱し、玉ねぎをしんなりするまで2〜3分炒める。

3｜煮る

1の牛肉とBを加えてさっと炒め、牛肉の色が半分くらい変わってきたら水とマッシュルームを加え、5分ほど煮る。牛乳を加えたら弱めの中火にして、さらに5分ほど煮たら火を止める。ご飯を器に盛り、ストロガノフをかけて、パセリをふる。

炒める＋汁で煮る

炒めた具材を汁で煮ることで、
出汁をとらなくてもスープに旨みが出ます。
ふたをせずに水分を飛ばすのが味が決まるコツ。

豚汁

肉と野菜がたっぷりの
具だくさんな豚汁。
最初に炒めて素材の旨みを引き出し、
スープの旨みに活かします。

材料（作りやすい量）

- 豚バラ薄切り肉 … 100g
- 大根 … 150g（1/6本）
- にんじん … 30g（1/5本）
- ごぼう … 50g（1/3本）
- 生しいたけ … 3枚
- ごま油 … 大さじ1
- 水 … 3カップ
- しょうゆ … 大さじ1
- みそ … 大さじ2〜3
- 長ねぎ、七味唐辛子 … 各適宜

※へらとお玉を準備しておく。

1 下ごしらえ

豚肉は5cmの長さに切る。大根とにんじんは皮をむき、8mm幅のいちょう切りにする。ごぼうは水で洗って泥を落とし、目立つ汚れはスプーンなどでこそげとり、縦半分の斜め薄切りにし、5分ほど水にさらす。しいたけは5mm幅の薄切りにする。長ねぎは薄い小口切りにする。

2 炒める

3-4 min

鍋（20cm）にごま油を入れて中火で2分ほど熱し、水気をよく拭いたごぼうを広げて1分ほど炒める。大根、にんじん、しいたけを順に加え、3〜4分かけてしっかりと炒める。

◆ POINT
【まずはしっかり炒める】先に油で炒めることで素材の旨みを引き出し、スープにもその旨みを活かします。

大根が透き通って全体に油が回ったら豚肉を加え、炒める。豚肉の色が半分くらい変わったら水を注ぐ。

◆ POINT
【ふたはしない】ふたをせずに煮ることで水分を蒸発させ、煮汁の味わいを濃くします。

3 汁で煮る

15 min

煮立ったらアクをとり、しょうゆを加え、弱火で15分ほど煮る。そのあとにみそを煮汁になじませて溶き入れ、2〜3分煮る。器に盛り、長ねぎと七味唐辛子をトッピングする。

◆ POINT
【みそは煮汁で溶いて投入】みそはお玉の中で煮汁で軽く溶いてから鍋に入れると、均一に混ざります。

材料（作りやすい量）

- じゃがいも … 150g（1個）
- 玉ねぎ … 80g（小1/2個）
- にんじん … 50g（1/3個）
- にんにく … 1かけ
- 塩 … 小さじ1/2
- サラダ油 … 小さじ2
- ベーコン … 3枚（60g）
- トマト … 200g（大1個）
- ┌ トマトケチャップ
  Ａ … 大さじ1
  └ 水 … 2と1/2カップ
- 粗びき黒こしょう
  … ひとつまみ

※へらとお玉を準備しておく。

作り方

1｜下ごしらえ

じゃがいもは皮をむいて1.5cm角に切り、水にさらす。玉ねぎとにんじんは皮をむいて1cm角に切る。にんにくは半分に切って芯を取り除き、みじん切りにする。ベーコンは1cm幅に切る。トマトはヘタをとって、2cm角に切る。

2｜炒める

鍋（20cm）にサラダ油とにんにくを入れて中火で1分ほど熱し、香りが出たらペーパータオルで水気を拭いたじゃがいも、玉ねぎ、にんじんを順に加えて塩をふり、4〜5分かけてじっくりと炒める。トマトを加え、半分ほどつぶれるまで2分ほど炒め、ベーコンを加えてさっと炒めたらＡを加える。

3｜汁で煮る

煮立ったらアクをとり、じゃがいもが柔らかくなるまで弱火で12分ほど煮る。器に盛り、仕上げに粗びき黒こしょうをふる。

ミネストローネ

トマトの旨みを活かしたミネストローネ。均一な火通りで具材感が残るよう、じゃがいもとトマトは大きめに。

材料（作りやすい量）

- 豚こま切れ肉 … 150g
- じゃがいも
  … 250g（1〜2個）
- にんじん … 50g（1/3本）
- 玉ねぎ … 200g（1個）
- サラダ油 … 大さじ2

A
- プレーンヨーグルト
  … 1/3カップ
- にんにくのすりおろし（チューブ）
  … 大さじ1（15g）
- 砂糖 … 小さじ2
- しょうがのすりおろし
  （チューブ）、カレー粉
  … 各小さじ1（しょうがは5g）
- 塩 … 小さじ1/2
- こしょう … 少々

B
- 小麦粉 … 大さじ2
- カレー粉 … 大さじ1

C
- 水 … 2カップ
- 塩 … 小さじ2/3

- トマトジュース（無塩）
  … 1/2カップ
- 塩、こしょう、ご飯 … 各適宜

※木べらとお玉を準備しておく。

作り方

1 下ごしらえ

豚肉はAを揉み込む。じゃがいもは皮を
むいて2〜3cm角に切り、水にさらす。
にんじんは皮をむいて5mm幅の半月切り
にする。玉ねぎは半分に切り、ひとつは
繊維を断つように薄切り、残りは4等分
のくし形切りにする。

2 炒める

鍋（20cm）にサラダ油を入れて中火で熱
し、薄切りの玉ねぎを加え2〜3分炒め、
Bを入れて1分ほど、焦げないように木
べらで絶えず混ぜて炒める。

3 汁で煮る

火を止め、ダマにならないようにCを少
しずつ加え、木べらで混ぜる。再度中火
にかけ、煮立ったらじゃがいも、にんじ
ん、くし形切りの玉ねぎを加え、弱めの
中火にして12分ほど途中で上下を返しな
がら煮る。1の豚肉とトマトジュースを
加え、煮立ったらアクをとる。弱火にし
てふたをずらしてのせ、15分ほど煮る。
塩、こしょうで味をととのえ、器に盛っ
たご飯にカレーをかける。

カレーライス

市販のルーを使わず、カレー粉で本格的に。
トマトジュースとヨーグルトでマイルドな味わいに。

ビギナーさんでも失敗しない！
油で煮る

一見難易度が高そうなオイル煮は、実は料理初心者でも
失敗しにくい料理のひとつ。火にかけたら放っておくだけ。
食材がパサつく心配もありません。素材の風味が移ったオイルも絶品です。

オイル煮を おすすめ する理由	● 加熱中は特に食材に触れる必要がなく、放っておけばOK！
	● 油のコーティング効果で具材がしっとり。煮すぎて失敗！もありません。
	● 調理後も保存性が高い（冷蔵庫で1週間ほど保存可能）。

ステップ 1

切った材料をフライパンに
入れ、油や調味料を注いで
中火にかける。

ステップ 2

煮立ったらふたをして、弱
火にしてさらに煮る。

むきえびと きのこのオイル煮

えびは油でコーティングすると硬くならずプリプリに。えびときのこの旨みがしみてオイルもおいしい！

材料（作りやすい量）

- むきえび … 100g
- エリンギ（またはしめじ）… 100g（1パック？）
- にんにく … 10g（1かけ）
- A ┌ 塩 … 小さじ1/2
-   └ パプリカパウダー（またはカレー粉）… 小さじ1
- オリーブ油 … 大さじ5
- 刻みパセリ（好みで）… ひとつかみ
- バゲット（好みで）… 適宜

作り方

1　エリンギは長さを半分に切り、さらに2〜3等分の薄切りにする。にんにくは半分に切って芯を取り除き、薄切りにする。

2　フライパン小（20cm）にえびと1を並べ、Aをふり絡める。オリーブ油を注いで中火にかける。

3　煮立ったらふたをして、弱火にし、さらに5〜6分煮る。火を止めて好みでパセリをふり、好みでバゲットを添える。

手作りツナ

かじきを使った自家製ツナは、レモンがいいアクセントに。ふたをしてじっくり煮ることで、ふっくら仕上がります。

材料（作りやすい量）

- かじき … 300g（3切れ）
- 塩 … 小さじ1
- 玉ねぎ … 100g（1/2個）
- レモン（輪切り）… 2枚
- 赤唐辛子 … 1本（または一味唐辛子少々）
- 「A」● オリーブ油 … 1/2カップ
- 「A」● 水 … 1/4カップ

作り方

1 かじきは2〜3等分に切って塩をふる。玉ねぎは薄切りにする。

2 フライパン小（20cm）に1の玉ねぎを並べ、かじきをのせる。レモンとちぎった赤唐辛子をのせ、Aを注ぎ、ふたをして中火にかける。

3 煮立ったら弱火にして、さらに12〜15分煮る。火を止め、粗熱をとる。

じゃがいもと にんじんの オイル煮

根菜やいも類もオイル煮にすると重宝します。具材だけ取り出して、フライパンでカリカリに焼いたり、つぶしてポテトサラダ風にしても。

材料（作りやすい量）

- じゃがいも … 250〜300g（2個）
- にんじん … 80g（1/2本）
- 塩 … 小さじ1/4
- ［A］ しょうゆ … 小さじ2
- カレー粉 … 小さじ1
- オリーブ油 … 1/2カップ

作り方

1 じゃがいもは皮をむき、3cm角に切って水に5分ほどさらす。にんじんも皮をむき、2cm角に切る。

2 鍋（20cm）に、水気を拭いた1を入れ、塩をふり絡める。オリーブ油を注いで、中火にかける。

3 煮立ったら、Aを順に加えてさっと混ぜ、ふたをして弱火にし、さらに15分ほど煮る。

⚓ POINT

【竹串を刺して確認】野菜に火が通っているか、竹串を刺してスッと通るか確認してみてください。

米・パン・乾麺の保存法

おいしさ
長持ち

主食は数日分購入するので、日数が経っても
おいしく食べられる保存方法を覚えましょう。

［米］

保存のポイント

空気を抜いてクリップでとめる

ひとり暮らしならお米が入っていた袋のまま
保存を。米は乾物なので湿気を防ぐため、空
気を抜いて開き口を巻いてしっかり閉じたら
クリップでとめます。そして10度前後の冷
暗所（夏なら冷蔵庫）へ。

炊いたご飯が余ったら？
熱いまま一食または二食分程度の量を目安にラッ
プで包み、粗熱がとれたら冷凍庫へ。

［乾麺］

保存のポイント

しっかり空気を抜いて保存

乾麺も湿気が大敵。お米
と同様、袋の中の空気を
なるべく抜いて口を折り、
クリップでとめます。
100円均一ショップなど
に売っているパスタケー
スを利用しても。

［パン］

保存のポイント

1枚（個）ずつ
ラップに包む

パンは鮮度が落ちやすいので冷凍庫へ。冷凍
保存をすると水分が抜けるので、1枚（個）ず
つラップに包んでからビニール袋に入れて冷
凍すると1か月は鮮度が保てます。

4章

炊飯器
の
トリセツ

実は意外と使える炊飯器。
お米と一緒に肉や野菜を入れて炊飯すれば、
おかずを同時に作ることもできます。
主食とメインおかず、サブおかずを
炊飯器で同時調理すれば、
忙しい日の食事作りもグンとラクに
なること間違いありません。

まずは
ご飯をおいしく炊こう

米は乾物なので、実はとてもデリケート。
下処理をていねいにすると、炊き上がりもぐんとおいしくなります。

1 とぐ

ざるにはかった米を入れ、水を張ったボウルにつけて米の表面をさっと濡らす。水を換えて再びかぶるくらい米を浸し、両手で拝むようにやさしく10回ほどすり合わせる。水を換え、もう一度繰り返す。

⊗ POINT

【やさしくとぐ】まずは表面についた米の粉を洗ったら、あとはやさしくすり合わせます。

2 ざるにあげる

ざるを軽く何度かふって水気をきり、ラップをかけて30分ほどおく。

⊗ POINT

【余分な水気はきる】米は乾物なのでどんどん水を吸います。ざるをふって余分な水気はきり、表面に残った水気を吸収させます。

3 炊飯する

炊飯器の内釜に米と同量〜2割増しの水を加え、炊飯ボタンを押して炊飯する。

※水はできるだけ冷たいものを使用します。夏は1合につき氷を1〜2個入れても。
※通常の白米（無洗米ではないもの）の炊き方です。
※保存法はP.136参照。

炊飯するだけじゃない！
毎日の自炊をラクにする
炊飯器のトリセツ

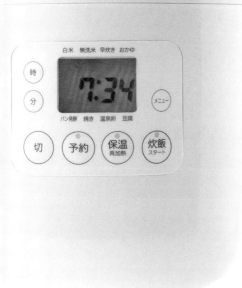

白米　無洗米　早炊き　おかゆ

7:34

時
分
メニュー

パン発酵　焼き　温泉卵　豆腐

切　予約　保温 再加熱　炊飯 スタート

※ひとり暮らしでも3〜4合炊きがおすすめ。

ボタンを押すだけで 調理ができる

炊飯器の魅力は、ボタンを押すだけで、あとは放置しておけること。ご飯を炊くだけでなく、野菜や肉、魚などを一緒に入れると、驚くほどかんたんに豪華な食事を作ることができます。

食材の旨みが 凝縮されておいしくなる

炊飯時は密閉した状態で中に高い圧がかかるため、いわば圧力鍋と同じ状態になります。炊飯器で食材をじっくり蒸すと、旨みや甘みが凝縮。さらにご飯と食材を一緒に炊くことで旨みがご飯にしみ込み、おいしく炊き上がります。

1回の調理で作りおきも

ご飯は多めに炊いたほうがおいしくなります。余ったら100gずつラップで包みます。できるだけ炊き立ての状態で保存すると◎。平らなシート状にしておくと、冷凍しやすく、レンジ加熱で早くふっくらします。

鶏もも肉が中までじっくり蒸され、ますますジューシー。
食材の旨みや甘みがご飯のいい下味になります。

メイン **鶏肉のしょうが甘酢だれ**

サブ **ごぼうのごまサラダ**

主食 **にんじんしらすご飯**

材料（1人分） ※ご飯は多めに炊き上がるので残りは保存

- 鶏もも肉 … 250g（1枚）
- 塩 … 小さじ1/4
- こしょう … 少々
- ごぼう … 80g（1/2本）
- にんじん … 80g（1/2本）
- 米 … 2合（300g）

A
- 水 …
  1と3/4カップ（350mℓ）
- 塩 … 小さじ1/2

B
- しょうが（みじん切り）
  … 10g（1かけ）
- しょうゆ … 大さじ1
- 砂糖、酢 … 各小さじ2

C
- 刻みごま … 大さじ1
- マヨネーズ … 大さじ2
- みそ … 小さじ1
- トマト … 小1個
- 貝割れ菜 … 10g
- ちりめんじゃこ … 15g

炊飯器に入れるまで

1 米はといでざるにあげ、30分ほどおく。

2 鶏肉は余分な脂を取り除き、塩、こしょうをふる。ごぼうは炊飯器に入る大きさに切る。にんじんは皮をむいてヘタを落とす［a］。

3 1を炊飯器に入れてAを注ぎ、ごぼうとにんじんを並べ、皮目を下にして鶏肉をのせる［b］。

4 そのまま炊く。

POINT

【野菜で土台を作る】
火が通りにくい根菜は、じっくり蒸していく炊飯器調理に向いた食材。煮崩れもないので、まず根菜をバランスよくおいてから肉をのせるといいですよ。

Before

After

丸ごとのお肉が迫力満点!

1　B（しょうがのみじん切り…1かけ分＋しょう
　　ゆ…大さじ1＋砂糖、酢…各小さじ2）を混
　　ぜ合わせ、鶏肉にかけるしょうが甘酢だれを
　　作る［c］。

2　C（刻みごま…大さじ1＋マヨネーズ…大さじ
　　2＋みそ…小さじ1）を混ぜ合わせ、ごぼうの
　　ごまサラダのドレッシングを作る。

3　トマトは輪切りにする。

1　すべての具材を炊飯器から取り出す。

2　鶏肉はそぎ切りにし、器に盛りつけたトマト
　　にのせ、cのしょうが甘酢だれをかけて、鶏
　　肉のしょうが甘酢だれを仕上げる。

3　ごぼうは粗熱をとり、斜め薄切りにし、貝割
　　れ菜とCで和え［d］、ごぼうのごまサラダを
　　仕上げる。

4　にんじんも粗熱をとり、1cm角に切り、じゃ
　　こと一緒にご飯に混ぜ込み［e］、にんじんし
　　らすご飯を仕上げる。

> 簡単アレンジ
>
> ## 鶏もも肉の代わりに切り身魚、ごぼうはれんこんでもOK
>
> メインおかずの鶏もも肉は切り身魚でアレンジ可
> 能。塩少々をふって、炊飯器に入れます。ごぼう
> は、同じく食感がいい皮をむいたれんこんに替え
> てもOK。にんじんはちりめんじゃことの相性が抜
> 群なのでぜひこの組み合わせで作ってください。

鶏肉のしょうが甘酢だれ
》

にんじんしらすご飯
》

ごぼうのごまサラダ
《

切り身魚も、炊飯器調理ならほったらかしでかんたん。
ミニトマトは蒸すと甘みや旨みが増します。

メイン # 切り身魚のトマトソース

サブ # ズッキーニマリネ

主食 # カレーピラフ

材料（1人分）　※ご飯は多めに炊き上がるので残りは保存

- 鮭の切り身（またはかじき）
　… 1切れ（120g）
- 塩 … 小さじ1/3
- こしょう … 少々
- ミニトマト
　… 100g（10〜12個）
- ズッキーニ … 120g（小1本）

- 米 … 2合（300g）
- A ┌ ● 水 …
　│　1と3/4カップ（350mℓ）
　└ ● 塩 … 小さじ1/2
- 玉ねぎ … 50g（1/4個）
- B ┌ ● 塩 … 小さじ1/3
　│ ● 酢、オリーブ油
　└　　… 各小さじ2

- C ┌ ● ケチャップ … 大さじ1
　│ ● にんにくのすりおろし
　└　（チューブ）… 少々
- D ┌ ● 粉チーズ … 大さじ2
　└ ● カレー粉 … 小さじ1
- レーズン（好みで）… 適宜

炊飯器に入れるまで

1　米はといでざるにあげ、30分ほどおく。

2　鮭は塩、こしょうをふる。ミニトマトはヘタ
　をとる。ズッキーニは半分の長さに切る（**a**）。

3　1を炊飯器に入れてAを注ぎ、ズッキーニと
　ミニトマトを並べ、鮭をのせる（**b**）。

4　そのまま炊く。

【鮭は一番上に！】
まずズッキーニを中心におい
てから、トマトを周りに並べ
ると◎。身が崩れやすい切り
身の魚は、野菜を並べたあと、
やさしく重ねます。

Before

After

ミニトマト効果で彩りもきれい

1 ズッキーニマリネに使う玉ねぎは薄切りにし、B（塩…小さじ1/3＋酢、オリーブ油…各小さじ2）と和える［c］。

1 すべての具材を炊飯器から取り出す。

2 ミニトマトはつぶしてC（ケチャップ…大さじ1＋にんにくのすりおろし…少々）と和えてトマトソースにし［d］、鮭にかけ、切り身魚のトマトソースを仕上げる。

3 ご飯にD（粉チーズ…大さじ2＋カレー粉…小さじ1）を混ぜ、カレーピラフを仕上げる。好みでレーズンをのせる。

4 ズッキーニは粗熱をとって1cm幅に切り、［c］と和え［e］、ズッキーニマリネを仕上げる。

簡単アレンジ

他の魚でもトマトとの相性Good
ズッキーニはセロリやキャベツでも

メインの鮭は、トマトと相性がいいかじきや塩たらなどに変えてもおいしい。魚のほかは鶏むね肉、ささみでもOKです。マリネはズッキーニの代わりに、セロリやくし形切りのキャベツでも代用可能です。

カレーピラフ
⌄⌄

ズッキーニマリネ
︽

切り身魚のトマトソース
︽

ご飯に肉や野菜の旨みが移り、シンプルな味つけなのに深みのある味わいに。火が通りにくいかぼちゃもふっくら仕上がります。

メイン	**鶏肉ときのこの南蛮漬け風**
サブ	**かぼちゃのスイートサラダ**
主食	**わかめご飯**

材料（1人分）　※ご飯は多めに炊き上がるので残りは保存

- ●鶏むね肉…200g（小1枚）
- ●塩…小さじ1/2
- ●こしょう…少々
- ●かぼちゃ…150g
- ●しめじ…100g（1パック）
- ●米…2合（300g）

A
- ●水…
　1と3/4カップ（350㎖）
- ●塩…小さじ1/2
- ●パプリカ…50g（1/4個）

B
- ●ごま油、酢…各大さじ1
- ●しょうゆ、みりん
　…各大さじ1と1/2
- ●七味唐辛子…適宜

C
- ●マヨネーズ…大さじ3
- ●砂糖…小さじ1
- ●ミックスナッツ
　（あれば、刻む）…20g
- ●乾燥わかめ…大さじ1
- ●白炒りごま…小さじ1

炊飯器に入れるまで

1　米はといでざるにあげ、30分ほどおく。

2　鶏肉は塩、こしょうをふる。かぼちゃは種とわたを取り除き、半分に切る。しめじは小房に分ける［**a**］。

3　1を炊飯器に入れてAを注ぐ。かぼちゃ、しめじ、皮目を下にした鶏肉の順にのせる［**b**］。

4　そのまま炊く。

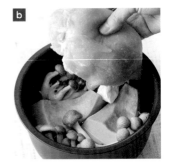

POINT

【硬いかぼちゃも手間いらず】
硬く、火が通りにくいかぼちゃも、炊飯器で調理すれば火加減を調整する必要がなく、手間いらず。蒸気でふっくら蒸され、ちょうどいい柔らかさに！

Before

After

鶏ときのこからいい出汁が出ます

<table>
<tr>
<td>

炊飯中に

</td>
<td>

1　パプリカとB（ごま油、酢…各大さじ1＋しょうゆ、みりん…各大さじ1と1/2＋七味唐辛子…適宜）を和え、鶏肉ときのこの南蛮漬け風のソースを作る［**c**］。

</td>
<td></td>
</tr>
</table>

<table>
<tr>
<td>

炊飯が終わったら

</td>
<td>

1　すべての具材を炊飯器から取り出す。

2　鶏肉は食べやすい大きさに切り、しめじと盛り合わせる。**c**をかけ、鶏肉ときのこの南蛮漬け風を仕上げる。

3　ご飯にさっと水にくぐらせた乾燥わかめ、白炒りごまを加えて混ぜ合わせ［**d**］、わかめご飯を仕上げる。

4　かぼちゃは粗熱がとれたら2cm角程度に切り、C（マヨネーズ…大さじ3＋砂糖…小さじ1＋ミックスナッツ（あれば、刻む）…20g）を加えて混ぜ［**e**］、かぼちゃのスイートサラダを仕上げる。

</td>
<td>
</td>
</tr>
</table>

簡単アレンジ

鶏むね肉は鶏もも肉や豚ロース厚切り肉 かぼちゃはさつまいもにしても

メインの鶏むね肉をもも肉やとんかつ用の豚ロース厚切り肉に変えてもOK。しめじはえのきやエリンギなど他のきのこでも、かぼちゃは半分に切ったさつまいもでアレンジしても◎。

かぼちゃのスイートサラダ

わかめご飯

鶏肉ときのこの南蛮漬け風

定番の肉詰めは、ピーマンを丸ごと使って大胆に。
ポテトサラダはほんのりカレーをきかせてアレンジします。

| メイン | **ピーマンの肉詰め** |

| サブ | **ポテトサラダ** |

| 主食 | **トマトご飯** |

材料（1人分） ※ご飯は多めに炊き上がるので残りは保存

- ピーマン … 2個
  A ┌
- 合いびき肉 … 100g
- 塩 … 小さじ1/4
- たまねぎ（みじん切り）
  … 50g（1/4個）
- ケチャップ … 大さじ1
- 小麦粉、にんにくの
  すりおろし（チューブ）
  … 各小さじ1
  └

- じゃがいも
  … 100〜150g（小1個）
- ミニトマト
  … 60g（6〜8個）
- 米 … 2合（300g）
  B ┌
- 水 …
  1と3/4カップ（350mℓ）
- 塩 … 小さじ1/2
  └

- きゅうり … 50g（1/2本）
  C ┌
- マヨネーズ … 大さじ3
- カレー粉 … 小さじ1/2
  └
- バター … 10g
- 塩、こしょう … 各少々
- 粒マスタード … 適宜

炊飯器に入れるまで

1 米はといでざるにあげ、30分ほどおく。

2 ピーマンはヘタの周りに切り込みを入れてとり、よく混ぜたAを均等に詰める。

3 じゃがいもはよく皮を洗い、皮ごと6等分に切る。ミニトマトはヘタをとる［a］。

4 1を炊飯器に入れてBを注ぎ、平らにする。2、3をのせ［b］、そのまま炊く。

POINT

**【丸ごとピーマンの肉詰めは
　炊飯器だからこそ！】**
いつものピーマンの肉詰めは、
半分に切って肉だねを詰めま
すが、丸ごとピーマンを使用。
中までしっかり加熱される炊
飯器ならではの技！

Before

After

丸ごとピーマンがインパクト大

炊飯中に

1 ポテトサラダに使うきゅうりは8mm角に切る。

炊飯が終わったら

1 ミニトマト以外の具材を炊飯器から取り出す。

2 ご飯にバターを加え、ミニトマトをつぶしながら混ぜ、トマトご飯を仕上げる［c］。

3 じゃがいもはフォークでつぶし、きゅうりを加えてC（マヨネーズ…大さじ3＋カレー粉…小さじ1/2）で和え、ポテトサラダを作る［d］。

4 ピーマンの肉詰めはそのまま器に盛り、粒マスタードを添える。

簡単アレンジ

ポテトサラダを
さつまいもやかぼちゃでチェンジ

じゃがいもはかぼちゃやさつまいもに変えてもOK。よりほっくりと、甘みが楽しめるサラダになります。じゃがいもよりも火の通りがいいので、少し大きめに切ると◎。

ポテトサラダ
∨

トマトご飯
∧

ピーマンの肉詰め
∧

お弁当作りのお悩み解決

三日坊主から卒業

「準備が大変」「おかずが傷む」、そんなお弁当に関する
悩みを解決。続けられるようにする工夫が大切です。

お悩み

1

朝は忙しくて料理の時間がとれない

【解決法】慌ただしい朝、完璧なお弁当を作るなんて大変。特に時間がないときは、弁当箱を使わずに、おにぎりとゆで卵、ゆでたカット野菜、ソーセージなどをラップに包むだけで十分。家から食べ物を持っていくことが大事です。

お悩み

2

おかずが傷まないか心配

【解決法】基本はおかずとご飯を分けます。おかずを詰めるときは汁気や油分を十分切ってから入れましょう。また、温め直したり、作りたての場合は十分冷ましてから、が鉄則。バランなどの仕切りを活用するのも効果的です。

3

何品もおかずを作るのが面倒…

【解決法】おかずをご飯の上にのせる丼スタイルがおすすめ。ご飯を盛るときにちぎったのりを散らしたり、ゆで卵を添えたりするだけでも彩りが豊かになり、味わいにも変化が出ます。

4

いつも地味な見た目になってしまう…

【解決法】器によって中身をより豪華に見せることができます。プラスチックの容器に比べて、天然素材でできた「わっぱ」などは吸水性もよく見た目も素敵。ご飯にはゆかり、青のり、白ごま、梅干しなどカラフルなトッピングを用意しておくとよりおしゃれに仕上がります。

プロカメラマンが教える！
SNS映えする写真の撮り方

手料理をスマホで撮りたいけど、うまくいかない
という人のために、ちょっとした工夫でできる
映え写真の撮り方をプロカメラマンが伝授します。

1

器は
見切れさせる

料理全体を見せようと思うと、つい画面の中心に器をおいて撮影しがちですが、それではどこか説明的な写真に見えてしまいます。そんなときは思いきって器の左右どちらかを画面から見切れさせましょう。片側に余白が生まれ、プロが撮影の技として使うバランスのよい構図の写真になります。

2

カメラは動かさず ズーム機能で拡大

被写体にグンと寄った写真は、料理をおいしそうに見せるのに実によい手法です。しかし、カメラ自体を器に近づけると、レンズの性質上、画像がゆがんでしまいます。カメラの位置は動かさず、ズーム機能を使って拡大すると被写体そのままの形を美しく撮ることができます。

POINT

3

高さのあるものは 横から 平たいものは 真上から

ご飯やサラダのように盛ったときに高さが出るものと、ステーキや焼き魚のように平たいものがあります。たとえば、高さのある料理を真上から撮ると、のっぺりしてしまりのない写真に。高さのあるものは横から、平たいものは真上から撮るとよりおいしそうに見えます。

小田真規子 （おだ・まきこ）

料理研究家・栄養士・フードディレクター。女子栄養大学短期大学部、香川調理製菓専門学校を卒業後、料理家のアシスタントを経て1998年に独立し、有限会社スタジオナッツを設立。誰もが作りやすく、健康に配慮した簡単でおいしい家庭料理をテーマに「オレンジページ」、「ESSE」などの生活雑誌にオリジナルレシピを発表。新しいアイディアを取り入れ、視聴者の視点に立ったわかりやすいレシピが好評で、NHK「きょうの料理」、「あさイチ」の料理コーナーに定期出演。著書は『まいにち小鍋』（ダイヤモンド社）、『The 基本200』（オレンジページ）、『料理のきほん練習帳』（高橋書店）、『休日が楽しみになる昼ごはん』（文響社）など多数。

＊スタジオナッツHP：http://www.studionuts.com
＊Instagram「パプリカマキコの料理のパプリ科」：
　https://www.instagram.com/studionutsnuts

Staff

料理・レシピ協力 … 岡本恵
料理アシスタント … 小林優子（スタジオナッツ）
本文デザイン … 細山田光宣＋木寺梓＋中村理沙
　　　　　　　（細山田デザイン事務所）
撮影 … 八木竜馬、大湊有生（クラッカースタジオ）
スタイリング … 小坂桂

編集 … 西島恵、荒牧秀行＋佐藤優香（KWC）
イラスト … やまねりょうこ（ゆかい）
執筆協力 … 西島恵、末吉陽子
協力 … 清野絢子（スタジオナッツ）、
　　　　石橋瑠美（クラッカースタジオ）
校正 … 株式会社ぷれす

自炊のトリセツ
おいしいごはんの法則

著　者　小田真規子
発行者　池田士文
印刷所　大日本印刷株式会社
製本所　大日本印刷株式会社
発行所　株式会社池田書店
　　　　〒162-0851　東京都新宿区弁天町43番地
　　　　電話03-3267-6821（代）　振替00120-9-60072
落丁・乱丁はおとりかえいたします。
©Oda Makiko 2020, Printed in Japan
ISBN 978-4-262-13048-4

21023003